辽宁省教育厅重大基础理论研究项目资助
沈阳农业大学经济管理学院学科建设基金资助

基于物权法原理的征地补偿制度完善研究

王春平　闫元元　著

东北大学出版社
·沈　阳·

图书在版编目（CIP）数据

基于物权法原理的征地补偿制度完善研究 / 王春平，闫元元著. —沈阳：东北大学出版社，2016.4
ISBN 978-7-5517-1255-2

Ⅰ. ①基…　Ⅱ. ①王…　②闫…　Ⅲ. ①土地征用—补偿—物权法—研究—中国　Ⅳ. ①D923.24

中国版本图书馆 CIP 数据核字（2016）第 094652 号

出 版 者：东北大学出版社
　　地址：沈阳市和平区文化路三号巷 11 号
　　邮编：110819
　　电话：024-83680267（社务部）　83687331（市场部）
　　传真：024-83687332（总编室）　83680178（出版部）
　　网址：http：//www.neupress.com
　　E-mail：neuph@neupress.com
印 刷 者：沈阳航空发动机研究所印刷厂
发 行 者：东北大学出版社
幅面尺寸：170mm×228mm
印　　张：8.75
字　　数：164 千字
出版时间：2016 年 4 月第 1 版
印刷时间：2016 年 4 月第 1 次印刷
组稿编辑：牛连功
责任编辑：潘佳宁
责任校对：辛　思
封面设计：唐敏志
责任出版：刘江旸

ISBN 978-7-5517-1255-2　　定　价：25.00 元

前言

我国的建设用地供给，主要是通过国家征收农民集体土地实现的。在一个耕地资源短缺、农户土地资产稀缺的大国持续推进工业化、城镇化建设，完善征地制度事关全局。其中的征地补偿制度，既关乎被征地农民权益保护，又直接影响建设用地资源配置效率与建设用地供求关系的持续均衡，是完善建设征地制度的核心。现有研究已经对征地补偿偏低造成失地致贫的主要原因达成基本共识，并广泛讨论了国家建设征地权与农民土地财产权利的关系、集体土地所有权的公有性质及财产功能、土地发展权的属性及其归属等理论问题，探讨了公益建设的范围界定、补偿标准与补偿范围确定、补偿分配、程序公正等制度完善的实践问题，分析了借鉴发达国家经验及推广国内试点地区征地补偿的成功做法的可行性问题。但在最为关键的被征地农民因失地而失去的财产价值的认定上尚未形成明晰一致的意见。本研究认为，如果征地补偿属于对农民土地财产的等价交换，那么失地致贫就应当是一个伪命题。失地致贫的实质，是补偿的价值小于农民因被征地失去的土地资产价值。按照这一逻辑前提，本研究依据物权法原理，从动态土地产权保护出发，试图将农民手中的土地作为经营资本而非简单的土地资产，将征地补偿作为土地资本价值的替代而非单纯失去土地资产的代价。据此构建一个理论分析框架，分析依据土地资产价值的低价补偿带来的公平缺失与效率损失，依据土地资本价值公平补偿的物权保护合法性与经济合理性，并基于资本价值替代的要求，分析补偿价值的构成要素，结合对国际国内成功做法的讨论，提出了基于土地资本价值替代的征地补偿制度完善思路，并分析了与之配套的程序制度。

按照上述基本思路，本书分五大部分，共11章。第一部分即第1章，开门见山，提出问题，针对我国实行“世界上最严格的耕地保护制度”成效不彰的问题，提出“实行世界上最严格的农民土地权利保护制度当如何?”的诘问，目的是开启征地补偿制度完善的新思路。第二部分为第2章，物权法视角的农民土地财产权利，为全篇研究提供理论基础。第三部分为第3、4、5、6章，分析现行征地补偿制度的形成及其依赖的超经济强制基础，以及更为深层次的财产权利制度根基，探讨这种制度带来的农民土地财产权残缺及经济效率损失问题。第四部分为征地补偿制度完善讨论，从不同理论视角阐释完善我国征地补偿制度的思路，包括第7、8、9、10章。其中第7章阐述土地发展权归属与征地补偿制度完善，第8章探讨农民土地财产资本化权利保护与征地补偿制度完善，第9章探讨国外土地发展权制度及其对我国的启示意义，第10章探讨按照资本替代思路的征地补偿制度完善设计。第五部分为第11章，讨论配套的程序公正对征地补偿及其纠纷解决的制度要求。

研究采用了物权原理分析与产权经济学分析相结合的方法，在部分研究中引入经济效率分析，尤其是将土地财产权利保护置于动态的经营资产权利语境之下，分析制度完善要求，开辟了新的研究视角。

本书为辽宁省教育厅人文社科重大基础理论研究项目“基于物权法原理的征地补偿制度完善研究”的研究成果。著者在调研过程中得到了辽宁省农委农经总站、沈阳市农委政策法规处的无私帮助，研究过程中得到沈阳农业大学经济管理学院相关专家的热情协助，在此一并致谢。

著 者

2015年12月

目 录

第一章 实行世界上最严格的土地权利保护制度当如何

土地是最为重要的经济要素之一。我国作为人均土地资源相对稀缺的国家，人地矛盾本已十分突出，随着工业化、城市化进程的不断加快，建设用地供求关系更趋紧张。建设用地的市场价值和预期价格不断提升，令各色园区与房地产开发产业趋之若鹜，不仅造成耕地保护的巨大隐患，因征地补偿引发的纠纷也随之大量发生，日益成为影响农村社会发展与稳定的重要因素。为了有效遏制一波接一波的“圈地潮”，将保护耕地、节约用地政策落到实处，从20世纪80年代中期开始，国家不断强化土地管理。在制度建设方面，将节约用地和保护耕地作为基本国策，要求实行世界上最严格的耕地保护制度和节约用地制度；在管理体制方面，不断强化管理机构，扩大相关管理权限①。但是，许多研究结果表明，“两个最严格制度”的成效并不显著：“占补平衡”在一些地方实际上流于形式（张玉宝，2004）；周期性发生的圈地行为并未得到有效控制，改革开放以来发生三次“圈地运动”，后果严重（刘正山，2004），仅2002—2004年这一次全国设立各类开发区规划面积就达3.54万平方公里，规模超过我国历朝历代加上新中国成立前50年的总和（3.25万平方公里）（李德水，2004）。有研究者指出：“现行耕地保护政策远没达到预期的目标”（张效军等，2007）。面对持续深化的工业化、城市化与现代化进程，深入探讨完善土地制度之道，已是刻不容缓的重大课题。

1.1 研究的背景与意义

中共十八届三中全会通过的《中共中央关于全面深化改革若干重大问题的决

① 1986年8月，统管全国土地和城乡地政的国务院直属机构土地管理局正式挂牌；1998年4月，囊括原国家土地管理局、地质矿产部、国家海洋局、国家测绘局职能的国土资源部正式挂牌成立，土地管理权限进一步扩大；在2003年12月召开的中央经济工作会议上，国务院总理温家宝明确提出，国土资源要实行省以下垂直管理的办法。

定》，明确要求发挥市场机制在资源配置中的决定性作用。市场机制作为经济领域的基本制度，对其他制度起到决定性作用，土地制度当然不能例外。《中华人民共和国物权法》（以下简称《物权法》）颁布实施已有八年，既然按照计划体制设计的以强化管理为最突出特征的土地制度无法适应形势发展的要求，是否可以正本清源，依据《物权法》精神，将出发点和落脚点确定为实行世界上最严格的土地权利保护制度，建构以保护农民土地财产权利为重心、国家建设征地权和政府土地行政管理权与之协调一致的法律调整机制呢？这正是本研究要解决的关键问题之一。历史地考察，在专制制度下，土地是权力的资本，维护土地上的超经济强制是整个土地制度的核心；新中国实行计划经济时期，在农村土地公有公营和行政主导双重背景下，土地是行政支配的计划要素，行政管理制度必然充当主角；市场经济体制建立之后，土地作为最重要的经济要素，按照效益最大化原则配置土地资源，成为市场机制顺畅运行的基本条件。因此，在市场机制下，土地财产制度取代土地管理制度成为整个土地制度的主导理所当然。有学者指出，市场化运作的土地关系及地产市场的调整，“不能因袭过去那种过于依赖行政管理机制的模式，而应当建立以土地民事权利为重心的法律调整机制”（王卫国，1997）[108]。

征地补偿制度既是土地制度的重要组成部分，又是多年来引发社会矛盾冲突的焦点问题，围绕农民土地权利保护完善征地现行补偿制度，是市场机制在征地制度上的回应，也是征地制度的重大变革，其理论价值与实践意义显而易见。

第一，研究征地补偿制度和更具有根本性意义的土地产权制度，具有强烈的现实针对性。同时还必须注意到，在《中华人民共和国农村土地承包法》于2003年3月1日实施之后，农村土地财产权利关系矛盾的焦点，已经悄悄地由农户与农村集体经济组织之间关于承包经营权的确认与保护关系，转向国家建设征地过程中农民集体土地财产权利保护关系，即转向土地财产权利与土地行政权力的博弈。从理论上廓清现代意义农民土地财产权利与国家征地权的内在联系，不仅是保护农民土地权益的要求，更为重要的是有益于将拥有土地财产权利的农民塑造成自主的土地资本经营者——农场主、农业企业投资人或者农业“资本家”，实现农民财富的持续增值和农业的持续发展。

第二，研究农村土地产权制度具有重要的制度创新意义。一方面，农村土地农民集体所有，是社会主义对土地制度的重大创新，并被明确地写入我国《宪法》《物权法》，但如何明确界定农村土地集体所有的内涵，如何确定农户与集体的关系，尤其是在征地补偿分配上的利益关系问题，无论是在立法上，还是在理论阐释上，至今都没有廓清，这也成为农民土地权利缺失的重要制度根源。改革开放以来，城市集体企业地位迅速下降，已经在企业制度创新中逐步退出历史舞台，农村土地集体所有制也在新的经济体制下，对相关法律制度创新提出了急迫的要求。坚持将集体所有“进行到底”，急需对已有的所有制理论和制度规定作出进一步突破。改革开放以来，以产权制度为核心的农村土地制度变革属于诱致性制度变迁，进一步创新农村土地财产权利制度的诸多“诱致性”因素已经存在，理论的研究有助于制度变迁过程更富有理性审视与指导意义。另一方面，近年来日渐突出的国家建设征地补偿问题凸显了农民土地产权与国家建设征地权的矛盾，使得隐藏于经济现象背后的产权与政治权力、经济主体地位与政府干预职能之间的深层矛盾浮出水面，呼唤按照市场体制的宏观框架重构权力与权利的关系，依靠农民的土地产权制衡政府行政权力，建立建设用地供求关系均衡机制。

第三，该研究还具有一定的理论意义：与产权理论联系最为密切的当属物权法学和法律经济学、产权经济学，不同学科领域的理论、方法体系与研究重点互有差别，结论也往往不尽一致，这并不表明学科间可以相互取代，而是需要利用学科交叉的优势增强理论的解释力。正是在这种交叉地带，中国国内的相关研究存在许多盲点：在物权法学领域，由于中国法制基础薄弱，尽管改革开放以来立法步伐大大加快，但产权保护法制建设进程仍然滞后，同时法学研究对现实产权问题的理性思考缺乏应有的深度，倒是经济学的领域关于产权的研究异常活跃。然而，就正式制度而言，依据物权法定原则，包括土地产权在内，所有财产权利都应当是国家以法律的名义规范和赋予的，经济学、制度经济学研究不能离开法学，另搞一套与之对应的概念。有学者认为：“最令人忧虑的现象之一是经济学在法学领域的恣意扩张”，并指出：“经济学和法学的割裂，有可能导致实践中重大原则的分歧，不能等闲视之”（曲福田，2006）。经济学领域的问题同样不容忽视，制度经济学、产权经济学及法律经济学等学科都创建于发达的市场经济国家，在法制完备、权利（权力）结构民主基础坚实的条件下，超经济强制早已成为历史，学者们更多关注土地民事关系中的产权明晰、产权交易与一般侵权保护，这是产权面临的现实环境所致。国内学者进行相关分析时，往往忽略经济发展的历史进程与民主法制建设上的中西方差异，似乎以为产权明晰与产权交易在中国也是头等大事，却忘记了，在中国，严格意义的私有土地产权可能在历史上就不存在。而恰恰在土地产权的确立与保护上，聚焦了中国农村土地制度的核心问题。一般来说，制度是一种具有较强的资产专用性（asset specificity）的特殊资源。也就是说，与技术、资本和劳动力等要素相比，作为经济发展内生变量的制度因素往往不具备可转移性。就物权制度来说，更是如此，各国物权法因国家、民族、历史传统的差异而往往互不相同，特别是关于土地物权制度的规定，差异更是迥然。中国实行土地社会主义公有制，以此为基础的土地物权制度必然带有明显的中国特色。但这并不表明因此可以拒绝现代西方法律经济学理论在中国土地产权问题上的应用，而是强调在经济社会发展存在强烈差异性、制度资源具有显著专用性的背景下，紧密结合中国实际，研究土地产权制度的特殊意义。理论是直面现实的，能够揭示和服务于现实的理论才具有蓬勃的生命力。

本书将物权法学与产权经济学原理结合于对中国征地制度补偿的探讨上，对土地物权的内涵、特征与要求等问题展开深入分析，力图建立物权法学与产权经济学相结合的分析体系，不仅对从理论上廓清农民土地产权保护与国家土地征地权之间的配置关系大有裨益，而且有利于通过研究促进相关理论体系的完善。

1.2 研究的目的

探讨实行世界上最严格的土地权利保护制度，进而以此为基础讨论征地补偿制度完善，并不是将最严格的土地权利保护制度作为一个不需要论证的既定前提。恰恰相反，从主体物权保护、行政征地权力、土地资源效率等多侧面阐释其必要性与必然性，是本研究重中之重的问题。由此，研究的目的主要是解决以下问题。

第一，明确建立以土地财产权利保护为重心的法律调整机制，尤其是征地补偿制度的物权法理依据，解决在工业化、城市化进程中，保障建设用地有效供给是否必须以牺牲农民土地权益为代价的问题，厘清实行最严格的土地权利保护制度与最严格的耕地保护制度、最严格的节约用地制度之间的关系，搞清楚在以保护土地权利为重心的制度构架下，也就是在以土地权利保护统驭的土地制度体系里，到底能够促进还是抑制耕地保护与节约用地目标的实现，三者能否实现统一。

第二，明确土地物权保护的内涵、特征及与市场经济体制相适应的土地物权保护要求，尤其是要明确农民土地物权与国家征地权的关系。一方面，要弄清楚在征地补偿上国家的超经济强制是否存在及是否合理，同时要界定国家征地权的行政权力边界；另一方面，要从法理与经济学原理结合的层面分析公平补偿的制度要求。马克思曾经指出："但在交换价值上，双方都不能得到利益。不如说，在这里是：'在平等的地方，没有利益可言。'"（中央编译局，2009a）[185]土地作为一种经济要素，抛开使用价值的差别，与其他要素在价值上进行等价交换，不可能带来价值的损失，即实际利益的减少。但在征地补偿的场合，被征地农民尽管得到了法律规定的“合理补偿”，其中许多人却“失地致贫”，个中深层次原因究竟是什么呢？随着地价的不断提升，补偿标准必然逐步提高，然而提高并不是无限制的，个别地方补偿数额也可能会出现“议价”，但法律原则却应当是确定的，必须有明确的公平补偿衡量标准。这个标准从何而来呢？

第三，明确土地发展权的归属。土地发展权在国际上已经得到广泛认可，并为各国法律所明确规范，但我国《物权法》对此并未作出规定。国外法律有的规定发展权属于国家，有的则规定属于土地权利人，国内对此尚未形成一致主张。土地发展权归属问题不能厘清，征地补偿制度就不会从根本上得到完善，本研究将从国际比较、相关制度、国情差别等方面探讨我国土地发展权的归属及其理论依据。

第四，明确征地补偿在价值上的要求。既然“在平等的地方，没有利益可言”，那么如果补偿的价值等于被征收土地的价值，就不会带来失地致贫，与失地致贫相伴而生的一系列社会的和经济的问题就会迎刃而解。这里需要深入探讨农民的社会职能是什么，土地与农民社会职能的关系又是什么，被征地农民除了失去土地之外，与土地一起失去的到底还有什么。

1.3　研究的主要内容

征地制度所要建立的是国家征地权与农民土地财产权利之间的均衡机制。其中既包括宪法意义上国家权力与农民财产权利的均衡关系，也包括民法意义上土地财产得失的补偿关系，属于复杂关系。同时，中国的农村土地财产权利生长在一个特殊的国度里，当西方国家农民土地权利业已经过数百年市场化经营成长为资本的茂盛森林的时候，中国的土地权利仍然在专制特权的苦海里苦苦挣扎，严格说来，土地权利真正意义的解放至今仍未完成。这就决定了我们的研究有必要超越征地制度本身，从更为宏观的视野构建探讨的框架，即将征地制度研究置于土地物权制度体系之下，同时也要研究宪法意义上农民财产权利与国家权力在市场条件下的准确定位。因此，本研究的主要内容设计如下。

（1）物权法学及产权经济学视野下的农民土地财产权利

研究土地财产权利的含义、内容、特征、功能、内部结构与外部关系，为征地补偿制度创新提供理论支撑。

（2）我国征地补偿制度变迁回顾与评价

对我国征地补偿制度变迁进程进行梳理，明确制度进步的轨迹及其不足。

（3）权利之上的权力

从宪法权利的视角分析现行制度下行政征地权作为强制权力即超经济强制的存在，对农民土地权利的剥夺。是什么力量剥夺或者限制了中国农民的土地财产权利？中国土地产权关系变革的实质究竟是内部的产权界定，还是外部的产权与政治权力重构？有学者认为，农村土地问题的本质是国家与农民的关系问题，“而这种关系的本质，是社会强势集团与弱势集团的关系”（党国英，2005）[6]，其集中的表现形式则是超经济强制，即国家强权与等级特权对土地产权的剥夺，“中国的所有权历来在国家权力的影响之下受到一种降低效率的分割”（党国英，2005）[6]。超经济强制必然构成对建立在等价交换基础上的市场经济的根本性排斥。其根源在于社会财产权利制度的超经济性质。当对资产的权利表现为超经济的政治、立法、司法、行政、宗教等权力的附属品时，资产的运动便不可能遵循市场竞争规则，而是首先服从超经济准则。超经济性质的权力参与交易，必然从根本上破坏市场秩序，排斥公平竞争原则，同时带来政治腐败，加剧社会不平等和进一步强化超经济权力。土地产权上超经济权力的存在是完善农村土地制度的最大障碍。

由于土地产权与超经济强制强烈的相互排斥性，这里集中讨论超经济强制及其对产权效率的影响。当然，只要有国家存在，产权的任何一个分子都无法遁逃到国家管理区域之外，研究同时还要阐述在破除了超经济强制的条件下，依据权利本位原则的国家土地管理权与土地产权配置问题。市场经济汪洋大海中的汹涌波涛是商品海水的聚集，商品的内核恰恰是产权。马克思特别强调土地所有权作为“纯粹经济的形式”的意义，揭示了欧洲资产阶级民主革命打破等级特权，建立资本主义生产方式对土地所有权解放的作用：“使土地所有权从统治和从属的关系下完全解放出来……土地所有权就取得了纯粹经济的形式”（中央编译局，2009b）[697]。那么，被市场体制赋予彻头彻尾商品乃至资本灵魂的产权到底应当是怎样的呢？在既有的产权运行实践与理论指引下，本研究就此进行系统的梳理，为度量产权及土地产权制度的优劣提供一把标尺，为分析产权带来的财富增值秘密提供一个分析框架。

(4) 现行征地补偿制度的产权剥夺与效率损失分析

从物权保护的视角，分析现行制度下，农民土地财产权利的损失；从经济效率的视角，分析低价补偿带来的建设用地效率损失。

(5) 土地财产权利探源

分析作为征地补偿制度基础的土地财产权利保护制度在中国的形成、发展及其对征地制度的影响。同时探讨市场经济条件下，农民土地财产权利保护与农业要素投入及现代农业建设的关系。

(6) 土地发展权归属与征地补偿制度完善

土地发展权归属问题，近年来受到学者们的广泛关注，许多研究都是从公平与效率视角展开的。但关于公平的衡量标准却各有不同。本研究试图从土地资本（前一部分研究内容）的视角，讨论农民失去土地资本之后，依附于土地资本之上的相关要素是否丧失及丧失的是什么，从而为确定土地发展权归属提供更有说服力的理论依据。本部分分析土地发展权的内涵、社会属性、法律属性，考察英国、美国土地发展权归属制度及借鉴意义，探讨我国农地发展权归属国家或土地所有人抑或承包权人的利弊。

(7) 农民土地财产资本化权利保护与征地补偿制度完善

主要分析现代市场下农民土地财产增值财富的秘密及其与征地补偿制度创新的关系。回望资本的发展史，人们总是惊叹于这样的事实：资本统治的世界在充斥着对剩余价值剥夺的同时，创造了物质财富空前增值的神话。资本增值财富的奥秘是什么？中国农民手中的土地产权能够成为土地资本，为农民从而也为社会带来源源不断的财富增值吗？本研究依据产权与资本形成及资本经营增值的内在联系，探讨建立农民土地产权保护与土地商品经营、土地资本循环增值的理论模型，重点讨论农民土地产权保护与农村土地资源资本化经营对农民走向富裕乃至实现农业经济持续发展的影响。

(8) 国外征地补偿制度借鉴与征地补偿制度完善

他山之石可以攻玉。发达市场经济国家征地补偿制度形成与完善已有上百年历史，作为制度形成依据的财产权利保护制度体系构建历史更长。考察有代表性的英国、美国、日本等发达市场经济国家的征地补偿制度，对我国征地补偿制度创新的启发将是多方面的。土地财产权利与国家征地权力的配置，既关系到公民宪法权利，也包含民事领域财产交易关系，是市场经济发展所必须解决的重要课题。英国、美国、德国、日本等发达国家作为法治国家，在财产权利保护制度、国家权力配置与约束制度、工业化发展等方面，都有可供借鉴的做法与经验。本部分通过考察其各种制度安排，力图寻找出对我国有用的制度元素。

（9）以土地资本替代为目标的建设征地补偿制度完善设计

农民不仅是农业经营者，而且是现代农业经营主体；农业土地不仅是农民的生活资料，而且是农民的生产资料，是农业生产经营的资本要素，是其他农业要素的投入基础。农民土地被征收后，失去的不仅是土地本身的价值，而且包括依附于土地和农业的其他经营要素，如专用于农业的人力资本、低风险且稳定的农业经营等。这里，土地资本补偿不属于土地增值收益，而是用货币等其他资本替代农民的土地资本，等价交换，不存在利益的损失，也就不可能失地致贫。按照这个思路，提出创新征地补偿制度的思路设计。

（10）程序公正与征地制度完善

从征地程序到补偿听证程序，以及纠纷处理程序考察，我国征地补偿制度都存在亟待完善的问题。本部分首先分析了现行征地补偿制度的缺陷；接着考察了国外征地程序制度，分析其启发意义；最后讨论完善征地进程中公益用地认定、征地补偿听证、征地及补偿纠纷救济等环节的程序制度。

第二章　征地补偿制度研究的基础理论：土地产权原理

2.1　土地产权制度研究回顾

（1）产权的含义、内容与属性

① 关于产权的含义。目前，关于产权还没有一个被学者普遍接受的权威定义，尽管现有的定义之间并不存在本质上的矛盾。其原因在于学者们所下定义的角度和研究的方法不同。

从内涵上界定，费雪（Fisher）认为："一种产权是当它承担享用这些权益所支付的成本时的自由权或允许享用财产的权益……产权不是物质财产或物质活动，而是抽象的社会关系"（费雪，1923）。菲吕博腾（Eirik G. Furubotn）和配杰威齐（S.Pejovich）也揭示了产权的本质是基于物而产生的人与人的关系，并把产权看成一种行为权及经济性质的权利。

从外延上界定，《牛津法律大辞典》将产权界定为财产所有权，其解释是：产权"亦称财产所有权，是指存在于任何客体之中或之上的完全权利，它包括占有权、出借权、转让权、用尽权、消费权和其他与财产有关的权利"（戴维·M.沃克，1988）。施瓦茨认为，产权的客体除有形物外，还包括无形物："产权不仅是指人们对有形物的所有权，同时还包括人们有权决定行使市场投票方式的权利、行使特许权、履行契约的权利以及专利和著作权"（应当注意这里产权与法学中物权的区别）（刘伟等，1998）[28]。

另外，还有人从产权形成机制和功能出发，对产权作出界定，认为产权是由一束权利构成的，其内容非常丰富，包括狭义的所有权（或归属权）、占有权、支配权、使用权，即人们通称的"四权"（袁庆明，2005；黄少安，1995）。也有学者明确指出，必须注意产权与所有权的区别，并指出产权定义具有扩张性：

“一个趋势是，西方学者对于产权权利束的定义，越来越展开，不仅包括排他性的所有权，排他性的使用权，收入的独享权，自由的转让权，而且还包括资产的安全权、管理权、毁坏权等；经济学家使用的产权概念从某种意义上讲，不仅包括侵权法和合同法，普通法和成文法，而且还包括民法、刑法关于财产权利与责任的含义在内；甚至有学者把非资产的权利，作为‘财产’包括在‘产权’命题之中”（刘伟等，1998）[17]。

在西方，被广泛引用的是德姆塞茨的定义，他从产权的功能和作用来定义产权，他认为：“产权是一种社会工具，其重要性在于事实上它能帮助一个人形成他与其他人进行交易的合理预期”，“产权具有造福或伤害自己或他人的权利”，“产权的主要功能在于引导各种激励机制，使外部性在更大程度上得以内部化”（德姆塞茨，1999）[129]。

更应当受到关注的是从外延上将产权与人权联系起来，认为产权与人权是统一的。持此种观点的代表人物是巴泽尔（Barzel Y）和阿尔钦（A. A. Alchian）等。巴泽尔说：“划分产权和人权之间的区别，有时显得似是而非。人权只不过是人的产权的一部分。”（1997）阿尔钦也说：“试图比较人权与产权的做法是错误的。产权是使用经济物品的人权。试图区分使用财产的人权和公民权的不同同样是误入歧途了，公民权并不与使用物品的人权相冲突”（刘伟等，1998）[11]。

② 关于产权的特征。产权经济学家认为，排他性是产权的决定性特征。它不仅意味着不让他人从一项资产受益，而且意味着资产所有者要排他性地承担对该资产使用中的各项成本，包括承担确保排他性的成本；产权是需要界定的，只要产权界定清晰，就可以降低成本，使效益最大化并产生激励作用，使资源配置合理，而不论产权归私人或归国家所有。黄少安认为，产权具有排他性、有限性、可交易性、可分解性及行为性；袁庆明则根据不同主体产权的区别，讨论产权的属性，透视了产权具有的排他性与非排他性（如共有产权内部就不存在排他性）、可分割性与不可分割性（如新制度经济学家认为共有产权不具有可分割性）、可让渡性（可交易性）与不可让渡性（如公有土地是不能买卖的）、明晰性与模糊性（如共有产权可能是100个主体共有，也可能是10个主体共有，具有模糊性）。

（2）关于产权的功能与保护

产权最主要的功能是给产权主体以激励。如德姆塞茨所说：“产权的一个主要功能在于引导各种激励机制，使外部性在更大程度上得到内部化”（德姆塞茨，1999，4）[97]。黄少安的阐释更为具体：“任何一个主体，有了属于他的产权，不仅意味着他有权做什么，而且界定他得到了相应的利益，或者有了获取相应利益的稳定的依据或条件。换句话说，如果经济活动主体有了界限确定的产权（不管什么产权，数量多少），就界定了他的选择集合，并且使其行为有了收益保证或稳定的收益预期。这样，其行为就有利益刺激或激励”（黄少安，1995）。综合学者们的观点，产权至少还包括以下具体功能。

第一，减少不确定性，降低交易费用。德姆塞茨认为：“产权是一种社会工具，其重要性就在于事实上它们能够帮助一个人形成他与他人进行交易时的合理预期。这些预期通过社会的法律、习俗和道德得到表达。产权的所有者拥有他的同事同意他以特定的方式行事的权利。一个所有者期望共同体能阻止其他人对他的行动的干扰”（德姆塞茨，1994）[98]。诺思则从产权制度提供一种权利义务结构的角度看待其功能：“制度通过向人们提供一个日常生活的结构来减少不确定性。……用经济学的行话来说，制度确定和限制了人们的选择集合”（诺思，1994）。

第二，外部性内部化。诺思指出：“付给数学家报酬和提供奖金是刺激努力出成果的人为办法，而一项专为包括新思想、发明和创新在内的知识所有权而制定的法律则可以提供更为经常的刺激。没有这种所有权，便没有人会为社会利益而拿私人财产冒险”（诺思等，1999）[8]。

第三，产权还有约束功能、资源配置功能、收入分配功能（黄少安，1995）[221]。

关于产权的保护，新制度经济学家在两种情形下展开探讨：无国家社会的产权保护机制（类似于法学理论中的自力保护）和有国家社会的产权保护机制（类似于法学理论中的公力保护）。在无国家社会条件下，那些非正式规则、价值观念和社会习俗引导与约束人们的经济行为并减少无序使用资源而造成的浪费；在有国家社会，国家具有供给产权保护所需的比较优势，“与法律、公正和防卫的设计相关的规模经济是文明的基本源泉”（诺思，1994）[77]。

（3）关于产权制度的内涵及其与市场经济体制的关系

黄少安认为：“所谓产权制度就是制度化的产权关系或对产权关系的制度化，是划分、确定、界定、保护和行使产权的一系列规则”（1995）[102]。产权制度属于经济制度的范畴。黄少安把经济制度分成三个不同的层次：“第一层次是生产资料或生产要素所有制；第二层次是产权制度；第三层次是资源配置的调节机制。”在这三个层次当中，生产资料的所有制是经济制度中最高、最抽象、最根本的层次；“产权制度是所有制与资源配置调节机制的中间层次，是处理生产要素的权、责、利关系的规则。”黄少安认为，这种层次性划分的一个重要意义，在于“把产权制度作为经济制度分析的核心，同时把生产资料所有制作为分析的对象，而不是分析的前提。”“只有在特定的所有制和产权制度下才会存在市场经济或产品经济。产权主体的多元化及相互间物质利益的差异决定市场经济的存在”（黄少安，1995）[94]。

刘伟则集中论述了市场经济对产权制度的一般要求，认为市场经济要求产权必须是单纯的经济性质的权利；市场经济要求在不同的交易主体之间必须有明确界限；市场经济发展的趋势要求对产权根据其权能进行制度性分工（刘伟等，1998）[100]。

学者们的上述研究起码明确了三点。第一，明确了产权制度是什么。与后面的阐述联系起来，将清楚地了解产权制度与产权两者之间的区别：产权制度属于经济制度的组成部分，表现为行为的规则；而产权与主体其他权利一样，属于特定产权制度下主体的行为资格。产权是产权制度的一种赋予。第二，明确了产权制度具有历史性，不同的经济社会制度下有不同的产权制度；产权制度必须与特定的所有制和经济体制相适应，市场经济的目标及其质的规定性要求创新包括土地产权制度在内的产权制度。第三，与建立适应市场经济的产权制度相联系，在市场背景下，包括土地产权在内，产权的状态也与以往时代不同，有自己的特征与要求。

关于中国农村土地产权制度的问题，尽管从1993年实施的《农业法》，到1998年修正的《土地管理法》，再到2003年实施的《农村土地承包法》和2007年10月1日起实施的《物权法》，在农民土地承包经营权保护方面，制定了许多具体规范，但在处于产权核心地位的集体土地终极权属问题的规定上，都没有取得对1987年实施的《民法通则》《土地管理法》的实质性突破，使得近年来学者们在产权明晰方面，研究的热点主要集中于对现行的集体所有、家庭承包经营制度的进一步完善上。对此，学者们展开了大量有益的研究工作，基于不同的分析框架，提出了许多具有理论价值和可操作性的解决方案。

① 主张在现有农村土地集体所有的框架内，明晰“集体所有”的内涵，或者进一步强化集体成员的承包经营权。靳相木认为，未来农村土地制度的变迁方向应当是“在现代土地集体所有制的框架内，集体成员享有明晰的、可转让的产权份额，农民取得一种私人性质的土地权利”（2003）。

邓伟志建议：“全国人大创制农村集体经济组织法和农村集体股份合作公司法，以法律形式确认农村土地产权制度与农村集体产权的主要实现形式——农村集体资产股份合作制”（2006）。

有学者则明确提出从性质上界定集体所有为农民共有：“土地集体所有实质

上是农民共同共有（或联合所有），这是集体成员获得一束土地权利的基础”，“应当按照农民共同共有的原则理解集体所有权；按照‘按份共有’的原则分享土地承包经营权”（王景新，2005）。韩俊的主张与王景新基本一致：“应当将土地农民集体所有制明确界定为农民按份共有制，……农民按份共有的土地权利可以合法继承和转让、抵押、赠送等。”“农民按份共有这种新型的产权制度，为农村集体土地产权人格化找到了一条可行的途径”（韩俊，2005）。

有学者则主张绕开所有权问题，从经营权入手解决问题，提出淡化所有权的观点：“虚化所有权，使分散利用形成的土地使用权相当于所有权”，形成“虚全民所有+使用权结构”（高富平，2001）。与上述观点相近，有学者进一步提出：“应以宏伟的历史气魄，下决心改‘承包制’为‘永包制’，即改有条件、有期限、因而难免给人权宜之感的承包制，为无条件、无期限、不再给人留下任何悬念的永包制，永久性地确立农民的土地使用权，圆中国农民的土地梦”（俞敬忠，2003）。

上述观点实际上是在不改变现行集体所有制的前提下，提出的对集体所有的两种改造思路：或者重新定义为农民土地产权的集合，即集体土地“共有”或者农民分享集体土地的“产权份额”“集体资产股份合作制”；或者将承包权确认为“永包权”，固化给承包的农民，并由此虚化所有权。其共性是强化农民的土地产权，其中的“农民共有”主张从法理上将集体所有的终极产权明晰为农民个人，与大陆法系国家物权体系相吻合，但与现行的立法精神可能存在某些冲突。有学者曾经明确指出：“农民集体的形式是什么？法律并未明确。但可以肯定，农民集体所有权不是共有，不能适用民法通则关于共有的规定。农民集体的成员不能依民法通则关于共有的规定决议将土地分割为个人所有”（江平，1999）[253]。而通过“永包权”“虚化所有权”的主张则并没有跳出以往学者们提出的“永佃权”的观点，同样企图通过实行“永包”或者“永佃”权替代所有权。这种主张面临两个方面的问题：一方面，背离中国立法中财产权利结构的通行规则，因为从《民法通则》到《物权法》都规定了所有权在财产权利中的核心地位，企望赋予农民土地权利“独立特行”的地位，在立法上难以操作；另一方面，在中国行政主导的体制背景下，“虚化所有权”所虚化的只能是农民权利，使原本地位低下的农民土地产权更加脆弱，无法有效约束建设征地中强大的行政权力。

② 主张稳定现有的集体所有、家庭承包经营制度。著名农村问题专家温铁军指出，农村土地集体所有、家庭承包经营的基本制度不能轻易言动，“这一农村基本经济制度强调的是三方面：明确集体所有权，稳定家庭承包使用权，通过搞活经营权促进土地流转。这三方面内容是高度相关的一个整体。所以，无论讲

集体土地国有，还是讲农村土地私有，都意味着要动摇家庭承包这项基本制度的根本”（温铁军，2005）。还有学者认为：“解决农民的土地收益被社会强势利益集团侵占的最有效办法是两个，一个是落实宪法‘农村土地村民集体所有’，国家还土地权给村集体，另一个是通过提高农民的组织化程度、扩大农民的民主政治权利，让农民能自己保护自己。如果没有这两条，土地私有化只会使农民更加弱势；有了这两条，土地私有化还有多大的意义呢？”（李昌平，2003）“很多人讨论农村土地问题的时候，没有注意到弱化农民集体的实际后果。实际上1978以来的农村改革就是一个‘实化家庭使用权，虚化集体所有权，强化国家所有权’的过程”，因此，应当“反对农村土地私有化，把土地还给村民集体”（李昌平，2006）。这种主张与第一种主张既有一致性，又有区别：一致性在于都坚持集体所有；不一致在于后者主张强化集体产权而非强化个人产权。然而，这种以强化集体所有权抗衡国家所有权的观点在主体上可能选错了，因为集体产权从开始设计时，即被认为是准国家所有，承包经营既是国家超经济强制的弱化，也是凌驾于农民之上的集体产权向农民产权的回归。实践已经证明，农民产权的集体所有难以承担与国家土地权力抗衡的使命。尽管如此，旗帜一向鲜明的李昌平还是阐发了一个新的思路：土地产权对抗国家土地权力。这也正是私人产权与国家权力关系平衡的基本要求和基本措施。

③ 主张直接在所有权上做文章。其中，又有国有化、私有化与复合所有权三种观点。

主张国有化的观点认为，只有实行国有化，才能克服土地所有权的虚位，真正明晰产权；可以从深层次上最大限度地理顺土地经济关系和化解当前因土地及地表地涵资源而发生的错综复杂的矛盾和纠纷；可以较有力地克服乡村干部利用土地营私舞弊和利用土地所有权加重农民负担的现象；有利于国家对土地的规划和管理，便于推进规模经营（王卫国，1997）[108]。这种观点遭到很多学者的强烈批评，有评论者认为，实行土地的国有化不符合中国的国情。原因在于：引导农民走社会主义道路既不能没收他们的土地，也不能赎买他们的土地；农村土地的国有化绝非人们主观意志的产物，而是受制于农村生产力的性质和水平；现阶段我国的经济关系和社会秩序依赖于两个不能人为改变的因素，一是以农村社区为单位的社会组织形态，二是以农民家庭为单位的利益分配格局，现行的土地集体所有、农民分户经营的制度，实际上就是这种基本现状的产物（丁关良，2002）。还有学者认为，土地国有化实际上并不能真正加速土地集中、形成规模经营；贸然把土地收归国有，还会影响农民的生产积极性，不利于生产力的发展；土地收归国有的管理成本会大大增加（王克强，2005）。有人主张直接“把土地所有权还给农民，归农户私有”，方法是由农民“以民主的方式共同作出符合他们意愿和利益的选择，然后由法律认可”（牛若峰，2004）；还有学者主张直接变革目前实行的“均田制”，认为：“在21世纪，随着农村人口城市化和农业现代化进程的加快，有必要转变目前农村土地资源配置长期坚持的‘公平优先，兼顾效率’的原则，土地制度法制化不能固化‘均田制’格局”；人人有份的“均田制”对土地资源配置效率的牺牲在过去乃至在今天或许还有其根据，但从发展的观点看，却未必值得（崔建远，1998）。这种主张的用意相当明显，就是放开农村土地所有权交易，打破“均田制”格局，也就是允许农村土地私有。实际上，随着承包经营权自主流转的实现，经营上的均田已经逐步被打破，土地私有由于政治风险过高并且不能对土地流转带来更大的促进而在操作上没有充分的可行性。

2.2 简要评述：产权理论需要回答的中国问题

本研究依据《物权法》的原理，却并不拘泥于物权法视角的分析，而是如同前文对产权原理的阐述，在许多问题的探讨中，引入产权经济学的分析方法。但必须注意的是，产权经济学产生于发达市场经济国家，那里拥有相当完备的现代民主与法制，有明确的政府与市场主体分工及职能定位，产权经济学在这种经济社会环境下，关注的焦点问题及由此出发建立的理论体系与刚刚步入市场经济、民主法制建设相对滞后的中国有着巨大的差别，我们极尽努力寻找答案的问题也许在那里早已成为既定的前提，而这种差别往往也很容易为我们的研究所忽视。也正是在这个学科“本土化”移植过程中暴露出的具有普遍性的问题，影响了相关研究的针对性和解释力。关于产权问题的研究，尚有如下问题需要进一步廓清。

第一，现代产权的内涵是什么？产权与中国自奴隶制社会延续下来的等级特权和国家强权存在什么关系？在超经济强制背景下，真正意义的土地私有产权是否存在？

第二，现代中国产权制度的核心内容是什么？产权明晰会导致市场交易成本降低、交易效率提高，从而提高整个市场效率，这是被学者们普遍接受的公理性假设，有学者甚至认为“现代产权制度的核心内容”是“产权明晰”，“我国传统产权制度的最主要特征是产权不清晰，结果是经济既丧失活力，又缺乏约束力，宏观微观效益都很差”（魏杰，2000）。这种判断的正确性在现代市场经济国家是毫无疑问的，因为那里已经具备完善的产权保护制度。但现实的中国却与此大不相同，单就土地产权制度而言，改革开放以来，集体土地产权与国家土地产权的划分已经很明晰，农村土地问题解决了吗？没有。一方面，农村土地实行家庭承包经营以后，农民集体组织内部的承包经营权明晰了，农业生产的效率也随之提高了，但一些地方在承包中贯彻公平原则不够，导致承包纠纷频繁发生，解决纠纷的管理成本却上升了，使承包关系很难稳定，破坏了承包的经济绩效；另一方面，在国家与集体的建设征地关系中，集体土地被低价强制征用或征收的现象仍然相当普遍。可见，缺少明晰界定的公共权利容易被滥用，而缺少有效保护的私人产权也同样容易被侵占，如果没有公平保护作为前提，明晰产权的努力就很难奏效。

在产权的属性上，产权所呈现出的排他性（即垄断性）并不是天然产生的，而是法律赋予的。在中国，直至目前，产权的排他性制度安排仍然没有完善，诸如农村的“三滥”“我卖你的地我可以赚钱”（陈锡文，2005）的怪现象并非源于产权不明晰。那么，在现代中国，土地产权制度创新要解决的核心问题又是什么呢？

第三，产权的内部结构到底是怎样的？产权结构属于法律范畴的问题，因此，在法制化国家已经不存在实质性障碍，外国法律经济学家没有必要给予太多的关注。但在中国却截然不同：抛开知识产权保护不说，单就物权保护，其传统在中国也极为薄弱。2007年10月1日起实施的《中华人民共和国物权法》，对作为土地物权重要领域的农村土地物权，在原则性规定方面与已有法律比较尽管有进展，但实质性的突破并不明显，而具体操作性解释尚未出台。那么，根据《物权法》与相关立法的精神，市场经济体制下的农村土地农民集体所有内涵是什么？与农户存在何种关系？所有权与经营权的内在联系是怎样的？试图绕开所有权直接将农民承包经营权物权化解决农民土地承包权利保护问题的路线是否行得通？

第四，在产权的外部关系上，如何处理产权与行政权力关系的问题无法回避：产权与行政权力能否形成制衡关系，农民集体的土地权利能否“神圣”起来？

2.3 产权特征的理论透析

关于产权特征问题的理论只是物权法学、产权经济学、制度经济学的理论构成要素之一。本研究只是在与本书所涉范围内进行评述，并阐述自己的立场与观点，意在为研究中国农村土地产权及征地补偿制度构建理论分析框架。在这个前提下，考察产权的概念与特征，起码应当明确以下诸点。

① 产权内涵的关联性与历史性。从产权从属于经济关系的范畴出发，任何经济关系都与特定社会历史阶段相联系，都有区别于其他社会历史阶段的明显经济关系特征，从属于经济关系的产权也必然与之相适应，在市场经济大厦已经矗立于古老的中国大地并将决定其未来经济走向的当今时代，我们一刻也不能忘记产权正生长在市场的温床，产权的身躯已经刻下了市场的印记，市场经济关系是衡量产权的终极标准；从产权同时又是法权的范畴出发，法权属于上层建筑，作为治理社会的手段，法律制度在上层建筑内部受制于政权架构，并随其改变而不断变动，如在与市场经济相适应的民主政治下，产权的内涵必然产生实质性改变。

产权的关联性与历史性观点的目的在于说明产权与经济关系紧密联系，具有时代特点，经济关系的变革必须有产权制度创新与之配套。假如只有市场而没有明晰并且受到有效保护的产权，则如同工厂的机器在运转而没有加工器件，造成空转，不仅使运转失去任何意义，而且最终将破坏机器本身。我国社会主义市场经济体制的建立和民主政治建设的进展，要求赋予农村土地产权以新的内涵，最起码要求土地产权对产权经营主体来说：一方面是商品权，可以让渡；另一方面是资本权，可以经营。当然，产权能否成为资本权，还要取决于其他相关因素，但土地产权必须能够担当起农村市场经济的核心要素。实践中许多政府部门不愿意承认和保护农民的土地产权，直接的后果是农民对土地的利用只能作为生活资料而不能作为土地资本，迟缓了他们由生存的农民向土地资本经营的农民转变的步伐。这可能是对近几年农村市场经济发展滞后于城市的一个有力解释。

② 现代产权内容的财产性与结构性。依据《牛津法律大辞典》对产权的界定，产权是指存在于任何客体之中或之上的完全权利。就是说，产权以财产为客体，这些客体具有使用价值和价值；产权的内容因此而具有经济性。产权与物权既有联系，又有区别：产权包括物权，土地产权就属于物权；产权同时也包括对无形资产的权利，如知识产权。产权内容的财产性决定了产权属于主体的经济权利，在主体权利中居于基础地位并决定其他权利，主体经济权利及其他权利的保障依赖于产权保护。

如同主体权利是多种权利的有机结合，产权的结构性是指产权存在外部关系与内部结构。外部关系是产权与国家权力、一个产权与其他产权之间的关系。产权外部关系的实质是国家与社会主体之间、社会主体之间围绕资产的权利（权力）配置，其中核心问题是国家与社会主体在资产上的权利（权力）关系。国家对资产的过度控制也就是国家权力垄断。借用政权力量对产权进行超经济强制，必然对产权构成剥夺，产权的运行机制就会被扭曲，产权的功能也将遭到破坏；国家对资产即产权控制松弛，又将丧失对资产的宏观配置力量。从这个层次上说，现代意义的产权属于宪法权利，其区别于古代产权的本质特征在于产权不再是政治的附属物，能够制衡国家权力，不再受等级特权左右。产权的内部结构指产权不是单一权利，而是多种经济权利的集合体，是“一束”权利，并且这些权利是有机结合在一起的，各自的地位、功能互有差别并紧密联系，其中所有权是最根本的产权，对其他权利具有决定作用。这在物权法理论中已经形成共识，“所有制在生产关系总和中的核心地位，决定了所有权的中心地位”（钱明星，1994）[93]，“所有权制度是物权制度中的核心内容”（王利明，2003）[9]。在所有者权利之外，还有依法取得的对他人财产的权利。

由产权内容的财产性与结构性，可以确定如下几点。

第一，产权是社会主体最重要的权利，是其他权利的基础。同样，农民土地产权在农民权利结构中也毋庸置疑地处于核心地位。保护农民的土地产权，就是对农民最为基本的保护，同时也是对农业最为基本的保护。

第二，在农村土地上，只要有超经济强制的存在，就不可能有真正意义的农民土地产权。

第三，农村土地制度创新无法避开所有权问题，在所有权与经营权分离条件下，农民所获得的是他物权，“他物权的产生要体现所有人的意志和利益”（王利明，2003）[10]。农村土地产权制度创新企图绕开所有权的任何尝试都将是不彻底的。

③ 现代产权关系的平等性与产权变动原因的经济性。“所有权关系具有民事法律关系的一般特征，即平等性。具体表现在：不同所有人的法律地位平等；不同所有人之间的经济往来贯彻自愿、等价的原则；在所有权受到侵害时，法律上以平等的责任形式予以保护”（钱明星，1994）[81]。产权变动，即产权取得、变更与消灭，除国家依据法定事由没收财产以外，必须有经济上的原因，而不能掺杂任何政治因素，产权不应当是特权的附属品。马克思在阐述资本主义土地所有权的特征时指出，它使“土地所有权就取得了纯粹经济的形式……简单地说，就是摆脱了一切传统的附属物，而这种附属物，像我们以后将要看到的那样，在产业资本家自己及其理论代言人同土地所有权进行激烈斗争的热潮中，曾被斥责为无用的和荒谬的赘瘤。”（中央编译局，2009b）[697]产权上的政治赘瘤既然已经被资本主义生产方式彻底剥离，而只剩下唯一的经济权利，那么，在市场交换过程中，产权作为商品和资本所体现的就只有经济价值（使用价值和交换价值），而不包含任何其他价值（如特权背景下的所谓权力“含金量”），任何权力因素也不能与产权相交换。

对农村土地产权而言，产权关系平等性与产权变动经济性特征提出下列要求。

第一，国家土地产权与农民土地产权具有平等性，国家土地产权高于农民集体土地产权属于虚假命题。我国《物权法》第三条第三款规定：“国家实行社会主义市场经济，保障一切市场主体的平等法律地位和发展权利。”国家对于土地具有双重身份，其权力与权利因身份差别而不同：作为国有土地管理主体，国家享有宏观土地管理权，如规划权、建设征地权等，这种权力的性质决定管理相对人必须服从；作为国有土地所有者，国家属于与其他所有者平等的所有权主体，政府是国有土地的代表者，国有土地与集体所有土地没有地位上的差别，在同等条件下，相同的产权数量拥有相同的经济价值。

第二，国家取得农民的土地产权的主要依据不应再是国家权力，而是经济上的产权交换，国家必须为此付出相应的经济代价。

第三，土地产权变动的普遍方式是商品交换，其基本前提与要求是产权垄断。马克思强调：“垄断”是土地所有权最本质的属性，“土地所有权的前提是，一些人垄断一定量的土地，把它当做排斥其他一切人的、只服从自己私人意志的领域。”（中央编译局，2009b）[695]这里提出的垄断性、排他性与主体意志性，在农民集体土地产权上，同样应当得到体现。

④ 现代产权本质要求的人权与财产权利结合性。将产权与人权完全看成一回事当然有失偏颇，但就此以为“巴泽尔等人把产权与人权等同的观点……是不正确的”（袁庆明，2005）也较为武断，恰恰相反，巴泽尔、阿尔钦等将产权与人权结合起来考察，不仅见解独到，而且十分深刻。“市场经济要求产权必须是单纯的经济性质的权利”（刘伟等，1998）[100]，但产权与人权又是社会主体无法分割的两个方面的权利，人权以产权为基础，产权以人权为保障。试想，如果本应作为主体的公民依附于特权之下而没有独立政治人格，连自己的命运也要掌控于他人手中，他人凭什么“垄断”属于自己的产权？斯韦托扎尔·平乔维奇认为：“把人权与产权割裂开来是错误的。我的选举权和我发表言论的权利就是我的产权，因为它们明确了我与别人之间的关系”（1990）。产权作为经济权利，其实一刻也离不开人权的护佑：产权是资产或者资本权，主体要拥有经营的资格和自由；产权是商品权，主体要具有交易的自由，也就是契约自由；产权是平等权，主体要有人格独立及能够与政治权力抗衡。离开了这三者，产权对于权利人将没有任何意义可言。

同样，农民拥有土地产权，就要求农民成为自主的权利主体，能够自主处分、经营土地资产，自主订立产权契约，尤其重要的是农民的主体权是可以与国家权力抗衡的权利，在土地产权问题上，农民与国家并不只是命令与服从的关系，作为产权主体，农民与国家进行土地产权交换时，同样享有定价权和谈判权。

⑤产权存在意义的排他性与价值性。排他性是产权的社会关系属性，是产权成为商品权和资本权的基础，也是产权激励的基础。排他性的内容可以分解为垄断性和私有性：垄断性意味着产权必须服从主体意愿，在制度框架内，任由主体处分；私有性则是产权于市场经济条件下的价值所在。我国在土地产权制度安排上，将土地划分为国有和农民集体所有，集体所有意味相对于国家和其他社会主体，该土地属于本集体组织“私有”，承认农民的集体土地产权的这种“私有”性质，也就同时承认农民是有产者，他们有条件对自己的资产进行资本化经营获利，也就开辟了农民脱贫致富的根本途径。当然，这并不等于不要公有产权，但如果只要公有产权而不承认私人产权，就等于否认产权存在的意义；价值性是产权的经济关系属性，产权客体具有使用价值和价值是交换价值的物质载体，是通过进行产权交换进而配置资源的前提。

总结产权以上五个方面的特征，可以明白地看到，产权的内涵在表述上也许并不需要太复杂，可以简单地概括为主体对其财产的排他性权利。我国《物权法》第二条第三款规定：“本法所称物权，是指合法权利人依法对特定的物享有直接支配和排他的权利，包括所有权、用益物权和担保物权。”当然，产权与物权存在区别，但这种区别并非本质上的。产权的属性也可以像波斯纳认为的那样，简单地抽象为垄断性权（排他权）和让渡权（可以转让的权利）两点。但现代产权的地位却极端重要：“土地所有权的垄断是资本主义生产方式的一个历史前提，并且始终是它的基础”（中央编译局，2009b）[696]现代市场经济将产权从超经济强制的奴役下拯救出来，使部分产权转化为资本，摇身一变成为商品世界的主宰者。资本的“奇能”主要源自它遗传了现代产权的上述基因。

需要说明的是，这里关于产权特征的理论透析，并没有否认前述学者们所做的概括，只是分析视角各有不同：与这些学者的理论相比较，前者的分析是立体的，更注重解释不同经济与政治制度下，不同的产权状态及产权与人权的联系；后者的分析则是平面的，将对产权特征的透视聚焦在完全市场经济条件下，假定政权强制与等级特权等“附属物”都不存在。本研究之所以选择立体的视角，不在于刻意标新立异，而是为历史地考察中国农村土地产权制度所必需。

2.4 我国农村的土地产权

根据我国《物权法》《农村土地承包法》的规定，农村土地产权主体包括土地所有者、土地使用者、土地管理者3个方面。作为一种典型物权，所有者所享有的属于自物权，是最完整意义的土地产权；使用者享有的是他物权，必须经所有者授权；国家享有的是土地公共管理权，政府部门代表国家行使土地该项权能必须为公共目的，并基于法律授权。按照物权法定原则，土地产权的内容不能任意创设，所有者享有的占有、使用（经营）、收益、处分4项权能都可以依法授权他人行使，但超过法定的土地产权内容授权给他人不具有法律效力。

我国农村土地产权制度结构框图如图2–1所示。

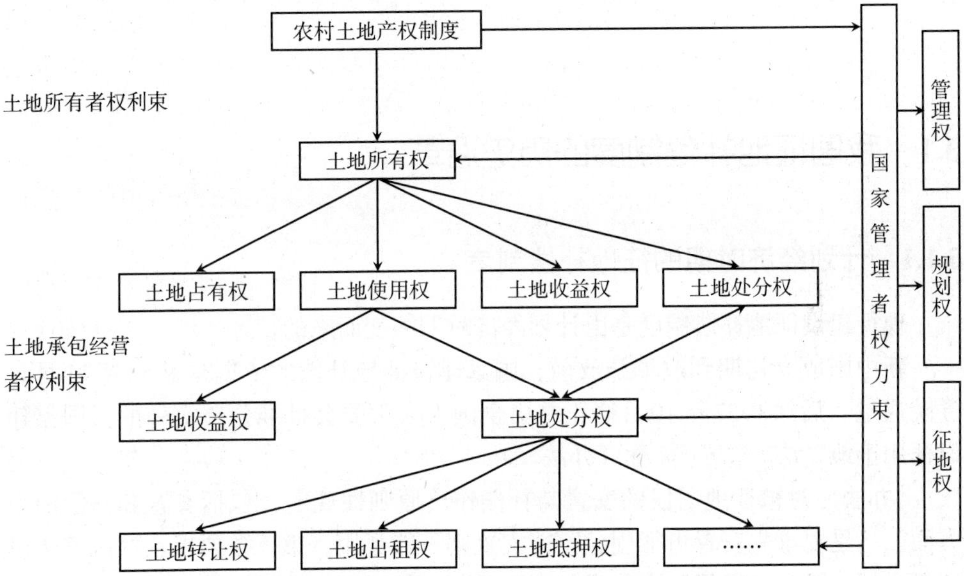

图2–1　我国农村土地产权制度结构框图

第三章　我国征地补偿制度变迁的历史回顾与评价

3.1　我国征地补偿制度的历史沿革

3.1.1　计划经济时期的征地补偿制度

现行建设征地补偿制度是由计划经济时期演变而来的。

新中国成立初期到改革开放前，国家建设征地补偿的依据是1953年11月政务院通过、后经1957年10月修正并由全国人大常委会批准公布实施的《国家建设征用土地办法》（以下简称《办法》）。

《办法》对被征地居民的安置与补偿作出原则性规定，包括安置和补偿两个方面。一是要求先安置再征用，不能安置则不能征用。第三条要求：“国家建设征用土地，既应该根据国家建设的实际需要，保证国家建设所必需的土地，又应该照顾当地人民的切身利益，必须对被征用土地者的生产和生活有妥善的安置。如果对被征用土地者一时无法安置，应该等待安置妥善后再行征用，或者另行择地征用。”安置的具体措施主要是调剂，要求通过调剂土地保障被征地人的生产和生活。二是要求给予被征地者经济补偿。《办法》第七条规定：“征用土地，应该尽量用国有、公有土地调剂，无法调剂的或者调剂后对被征用土地者的生产、生活有影响的，应该发给补偿费或者补助费。”补偿的前提是无法调剂或者调剂后仍无法保障生产生活。《办法》关于补偿项目的规定为“被征用土地的补偿费或者补助费以及土地上房屋、水井、树木等附着物和农作物的补偿费”。对补偿标准及其确定程序、补偿支付主体及补偿对象、不予补偿的几种情形，《办法》都作出了明确规范。《办法》为整个计划经济时期的征地及补偿提供了依据，同时也成为此后征地及补偿制度建设的基础。

同时，在特定体制与发展阶段条件下，《办法》的历史局限性显而易见：调剂土地的安置方式，在家庭承包经营格局下不再适用，也不能适应农业劳动生产率提高、工业化进程不断加快和农村劳动力非农化就业的安置要求；土地补偿费标准只有原则性规定而无具体标准，很难做到保障被征地者的生产与生活；而在计划经济时期，政府控制经济和农民合作社（后来的人民公社），以及掌控农村主要经济资源的背景下，强制地剥夺本应属于被征地者的补偿现象在所难免。更为深层次的问题在于，《办法》作为计划经济体制下突出行政主导地位在土地征用方面的体现，其出发点与落脚点都更多地赋予行政体系的土地征用权，农民土地权利保护则是退而居其次的。这种制度倾向在1975年颁布的《中华人民共和国宪法》（第二部）中进一步被强化，该法第六条第三款规定："国家可以依照法律规定的条件，对城乡土地和其他生产资料实行征购、征用或者收归国有。"在宪法层面并没有对征地补偿作出规定。

3.1.2　改革开放以来征地补偿制度的阶段性变迁

土地作为最重要的经济要素之一，其制度安排与市场化改革关系极为密切，被认为是市场经济的基础性制度。改革开放以来，征地补偿和制度变迁大致经历了3个阶段，但总体上滞后于市场主体制度及其他市场要素制度的改革。

（1）1978—1982年：改革开放初期的征地补偿制度探索阶段

党的十一届三中全会以后，随着市场化改革和"以经济建设为中心"的国家发展战略的确立，与计划经济适应的一系列经济制度面临变革。与此同时，国民经济建设全面恢复发展，工业化与城市化步伐加快，建设用地需求大幅度增长。在农村家庭承包经营格局逐步确立的背景下，国家建设征用土地出现了一些新情况和新问题，急需调整原有征地及补偿制度与之适应。尽管1978年3月5日中华人民共和国第五届全国人民代表大会第一次会议通过的《宪法》（第三部）完全保留了1975年《宪法》（第二部）关于土地征购、征收与收归国有的提法，如第六条规定："国家可以依照法律规定的条件，对城乡土地和其他生产资料实行征购、征用或者收归国有。"但改革的全面深化还是推动了征地及补偿制度的修改，1982年5月4日，全国人大常委会原则通过，国务院公布施行了《国家建设征用土地条例》（以下简称《条例》），《国家建设征用土地办法》同时被废止。《条例》对改革开放背景下建设征地作出了全面规范。

① 坚持以征地作为建设用地取得的主要方式。《条例》规定：禁止任何单位直接向农村社队购地、租地或变相购地、租地。农村社队不得以土地入股的形式参与任何企事业的经营。这样规定，既坚持了土地的公有性质，又为此后国家垄

断建设用地一级市场提供了依据。

② 明确建设用地所有权与使用权分离。《条例》第五条规定："征用的土地，所有权属于国家，用地单位只有使用权。"《条例》规定的建设用地供给方式仍然是划拨，虽然没有明确提出有偿使用的要求，但要求征用土地应当由用地单位支付补偿费，这是朝有偿使用方向迈出的一小步。

③ 完善相关补偿措施。一是明确补偿项目，包括土地补偿费、青苗补偿费、房屋等地上附着物补偿费和安置补助费4种。其中，安置的主要方式由原来的土地调剂改为发放安置补助费及通过发展农业生产、发展社队工副业生产、迁队或并队、将被征地农民转为非农业户口或城镇户口等措施安置因征地导致的剩余劳动力。二是明确了补偿标准，耕地（包括菜地）的补偿标准为该耕地年产值的3至6倍，每一个农业人口的安置补助费标准为该耕地每亩年产值的2至3倍，最高不得超过其年产值的10倍，为了维持群众原有的生产生活水平，经省、自治区、直辖市人民政府审查批准，可以适当地增加安置补助费，但土地补偿费和安置补助费的总和不得超过被征土地年产值的20倍。

④ 规定了更为严格的建设征地条件与程序。其用意不仅在于落实节约用地政策，同时也要通过约束政府征地行为保护被征地农民的权益。

《条例》的实施开启了政府严格控制下的建设用地逐步市场化供给的制度体系建设的序幕，但无论是建设用地取得与供给方式，还是补偿制度的设计，都仍然保留着明显的计划经济色彩。

1982年12月4日，第五届全国人民代表大会第五次会议通过的《中华人民共和国宪法》（第四部）第十条规定："国家为了公共利益的需要，可以依照法律规定对土地实行征用"，首次在国家根本大法中确定建设征地的前提条件是"国家为了公共利益的需要"，为将建设用地划分为公益建设用地和商业建设用地，进而限定建设征地范围，推进商业建设用地直接进入市场交易提供了依据；将此前两部《宪法》中的"征购、征用或者收归国有"改为"征用"，不再使用"征购""收归国有"的提法，使表述更为规范。但补偿制度在《宪法》中仍未得到体现。

建设征地补偿制度的上述进展，与改革开放初期计划与市场并存的社会背景互为呼应，在为改革提供法律依据的同时，也为体制所限，带有显著的市场化初期阶段特点：从宪法层面上看，建设征地是国家固有权力，不需要以补偿作为前置条件，尽管将征地限定为公共利益需要，但并没有配套制度划分哪些属于公益建设，哪些属于商业建设；从法律层面上看，征地补偿项目、形式有所增加，标准得到明确，但补偿的出发点仍然是保障被征地群众的生产生活，与土地作为资产要素的价值差距明显。

（2）1982—1986年：征地补偿制度框架形成阶段

改革开放所释放出来的生产力在20世纪80年代初期掀起了工业化的高潮，随之而来的是各地圈占耕地现象的普遍发生。随意征地、滥占耕地的第一波“圈地潮”由此形成，这是《条例》颁布时始料未及的。为遏制各地的圈地势头，中共中央、国务院于1986年3月21日发布《关于加强土地管理，制止乱占耕地的通知》。从长远发展战略考量，尽快出台相关法律，依法规范建设征地行为，建立可持续的建设用地供求关系，成为当务之急。

1986年6月25日，第六届全国人民代表大会常务委员会第十六次会议通过了我国第一部《土地管理法》，并于1987年1月1日起施行。1982年2月13日国务院发布的《村镇建房用地管理条例》和1982年5月14日国务院公布的《国家建设征用土地条例》同时被废止。《土地管理法》共七章五十七条，对土地管理的基本原则与制度，行政管理体制，土地所有权与使用权，土地的利用和保护，国家建设用地、乡（镇）村建设用地及法律责任作出全面规定。《土地管理法》的颁布实施，不仅为现阶段国家实行土地管理提供了基本法律依据，同时也标志着我国与市场化经济体制配套的征地及补偿制度框架基本形成。与1982年公布的《国家建设征用土地条例》比较，《土地管理法》在征地及补偿方面规定的改变并不属于实质性的，而且只有第四、五两章集中规范建设征地关系，之所以断言《土地管理法》构建了征地及补偿制度的基本框架，依据如下。

① 首次将征地及补偿制度纳入土地管理基本法体系。征地管理既在土地行政管理关系中占有重要地位，又与土地行政管理的其他关系联系密切，如土地所有制、土地规划、土地利用、耕地保护等都是征地及补偿制度设计的约束条件。由此，将征地及补偿制度放到土地行政管理整体系统中统筹安排，对土地行政管理制度体系与征地制度本身都至关重要。当然，强调征地及补偿关系属于土地行政管理关系的组成部分，并不等于否认征地及补偿关系同时包含土地财产关系，后面的讨论将说明，征地及补偿关系同时还涉及财产关系乃至其他民事关系，需要财产法等的调整，但这并不影响《土地管理法》对调整征地及补偿关系的主导和决定性的地位。

② 比较全面地规范了征地补偿的具体制度。将建设用地区分为国家建设用地和乡（镇）村建设用地，按照不同用地，规定了各自的取得与供给方式，并允许“由农业集体经济组织按照协议将土地的使用权作为联营条件”（第三十六条），缩小了公益建设征地的范围；明确划分建设征地审批权限，规定建设征地

的审批机关为国务院和省级政府，意在严格控制建设征地，限制地方政府行政土地权力；严格要求按照土地利用规划征用土地，控制耕地转为建设用地。

③ 确定的征地补偿基本制度在实践中长期稳定。此后，《土地管理法》多次被修改修正及配套政策出台，都是在此基础上的完善与发展，并未对该法确立的征地制度与补偿制度作出实质性改变。

（3）1986年至今：建设征地及补偿制度逐步调整完善阶段

《土地管理法》的颁布实施，并未有效遏制初见端倪的“圈地潮”，继20世纪80年代初期第一轮过后，各种原因导致的圈地热潮轮番登场：20世纪80年代中后期，因乡镇企业热导致的第二轮建设用地快速扩张；1992年开始的遍及全国的各级地方政府竞相上马形形色色开发区形成的第三轮建设占地热潮；以及2003年暴发的因房地产热而导致的“圈地运动”。一方面，大量良田被占，耕地保护形势严峻；另一方面，土地要素的过度投入扭曲了经济发展的正常演进，浪费了宝贵的土地资源，也促成了地方经济发展对土地财政的过分依赖。为应对形势发展，有效调控建设征地，探索建立可持续的建设用地供求关系，并切实保护被征地人的财产权利，《宪法》的两次修正案都对土地基本制度作出调整，同时3次修订《土地管理法》，并出台了耕地保护的法律法规，陆续出台多部控制建设占地的政策。但这一阶段的征地制度完善并没有突破1986年公布的《土地管理法》所构建的基本框架，依然没有解决适应市场经济体制的根本性问题。

① 1988年《宪法》修正案和《土地管理法》修正。1988年4月12日，第七届全国人民代表大会第一次会议通过了《宪法》修正案，将第十条第四款“任何组织或者个人不得侵占、买卖、出租或者以其他形式非法转让土地”修改为“任何组织或者个人不得侵占、买卖或者以其他形式非法转让土地。土地的使用权可以依照法律的规定转让”。据此，1988年12月29日，第七届全国人民代表大会第五次会议通过了《关于修改〈中华人民共和国土地管理法〉的决定》，允许国有土地和集体土地使用权的转让，并确立国有土地有偿使用制度，同时明确规定了对土地违法行为的处罚办法，加大了处罚力度。1991年1月4日，国务院颁布《中华人民共和国土地管理法实施条例》，于当年2月1日起实施。该《条例》规定国家建立土地调查制度，包括土地权属调查、土地利用现状调查和土地条件调查；关于征地及补偿制度作出细化和解释性规定。

② 《基本农田保护条例》出台与土地犯罪入刑。1993年7月2日，第八届全国人民代表大会常务委员会第二次会议通过并当即颁布生效的《中华人民共和国农业法》规定：“国家建立耕地保护制度，对基本农田依法实行特殊保护。”1994

年7月4日，国务院颁布《基本农田保护条例》(1994年10月1日起施行)，专门规定了基本农田的划定与保护，要求“基本农田保护区一经划定，任何单位和个人不得擅自改变或者占用”“设立开发区，不得占用基本农田保护区内的耕地”，非农业建设经批准占用基本农田保护区内耕地的，除依法缴纳税费外，并应当按照“占多少，垦多少”的原则，开垦与所占耕地的数量和质量相当的耕地或者缴纳相应的开垦费用。1999年1月1日，经国务院修订的《基本农田保护条例》颁布施行，要求地方各级人民政府应当采取措施，确保土地利用总体规划确定的本行政区域内基本农田的数量不减少，规定对非法批准占用及超过批准数量占用基本农田等行为实行从重处罚，并完善了相关责任追究的规定。1997年3 月14日，第八届全国人民代表大会第五次会议通过修订的《中华人民共和国刑法》，第一次设立了土地犯罪条款，即第二百二十八条的非法倒卖、转让土地使用权罪，第三百四十二条破坏耕地罪（2001年8月31日通过的《刑法修正案(二)》将该条修订为“非法占用农用地罪”)，第四百一十条的非法批准征用、占用土地罪和非法低价出让国有土地使用权罪，即非法批地罪和非法转让土地罪。

③ 1998年《土地管理法》整体性修订。20世纪90年代中后期，随着新一轮土地开发热潮的出现，1986年公布的《土地管理法》的局限性逐步显现，尤其是对土地利用规划管理、用途管理，以及建设征地条件、程序、审批权限，缺乏严格、具体的规定，对土地违法行为缺乏强有力的法律监督体制和手段，对国有土地资源市场化配置及管理缺乏明确的规定，等等。在这种情况下，党中央、国务院于1997年4月15日下发了《关于进一步加强土地管理切实保护耕地的通知》，提出了一系列加强土地管理和耕地保护的措施，决定在冻结非农业建设占用耕地的同时，推进《土地管理法》的修订。1998年8月29日，第九届全国人民代表大会常务委员会第四次会议通过修订的《土地管理法》，于1999年1月1日起施行。在基本原则和主要内容等方面，对原法进行了全面修订。一是加强土地利用总体规划管理。针对原法关于规划编制的根据、原则、合理性评价没有明确规定，缺乏可操作性的问题，修订后的《土地管理法》对编制的依据和原则、规划的构成、编制程序等作出明确规范，为切实保障有限的土地资源的开发利用和社会经济的协调发展提供法律保障。二是实行土地用途管制制度。新法将土地资源分为农用地、建设用地和未利用地，国家按照土地用途，对建设用地总量和耕地保有量实行控制指标管制，严格限制农用地转为建设用地，控制建设用地总量。三是采取切实可行措施，对耕地实行特殊保护。措施包括：按照“占多少，垦多少”的原则，实行占用耕地补偿制度；实行基本农田保护制度；禁止闲置、

荒芜耕地；提高土地利用质量和效益。这被认为是世界范围最为严格的耕地保护制度。四是强化土地监督、检查制度，完善土地利用管理。内容包括建设用地总量和耕地保有量的监督检查，确保耕地保有量不减少；土地用途的监督检查，严格限制农用地转为建设用地和耕地转为非耕地；土地利用总体规划的编制和执行情况的监督检查，坚决制止、查处弄虚作假等违法行为；占用耕地补偿和开垦情况的监督检查，保证“占多少，垦多少”原则得以实现；土地利用状况及其效果的监督检查，加强对造成土地沙化、盐渍化、土地污染，以及闲置、抛荒耕地等违法行为的查处；土地权属的监督检查；等等。五是提高征地补偿标准。新法规定补偿总和不超过土地被征用前3年平均产值的30倍，并授权国务院根据社会、经济发展水平，在特殊情况下，可以提高征用耕地的土地补偿费和安置补助费。

④ 2004年《宪法》修正案和《土地管理法》修正及同期重要政策。2004年3月14日，第十届全国人民代表大会第二次会议通过的《宪法修正案》，将宪法第十条第三款“国家为了公共利益的需要，可以依照法律规定对土地实行征用”修改为“国家为了公共利益的需要，可以依照法律规定对土地实行征收或者征用并给予补偿”。同年8月28日，第十届全国人民代表大会常务委员会第十一次会议对《土地管理法》作出修改：一是将《土地管理法》第二条第四款修改为“国家为了公共利益的需要，可以依法对土地实行征收或者征用并给予补偿”；二是将其他条款中的“征用”修改为“征收”。在建设征地调控政策方面，修改的《土地管理法》并没有进一步规定公益性建设征收集体所有土地的范围。

同期出台的规范征地补偿行为的政策主要有：2004年10月21日，国务院发布《关于深化改革严格土地管理的决定》（国发〔2004〕28号），要求“必须正确处理保障经济社会发展与保护土地资源的关系，严格控制建设用地增量，努力盘活土地存量，强化节约利用土地，进一步完善符合我国国情的最严格的土地管理制度。严格依照法定权限审批土地，严格执行占用耕地补偿制度，严格保护基本农田，完善征地补偿和安置制度，健全土地节约利用和收益分配机制，建立完善耕地保护和土地管理的责任制度。”2004年11月3日，国土资源部出台了《关于完善征地补偿安置制度的指导意见》（国土资发〔2004〕238号）。2006年，国务院发布了《关于加强土地调控有关问题的通知》〔2006〕31号），提出不断提高征地补偿标准，确保被征地农民生活水平不下降、生活质量不降低、长远生计有保障的目标。

⑤ 2007年《物权法》实施及此后征地补偿制度进展。2007年3月16日，第十届全国人民代表大会第五次会议通过，并于2007年10月1日起实施的《物权法》，在第四十二条、第四十三条、第四十四条对土地等不动产征收、补偿与征

用作出规定，要求“征收集体所有的土地，应当依法足额支付土地补偿费、安置补助费、地上附着物和青苗的补偿费等费用，安排被征地农民的社会保障费用，保障被征地农民的生活，维护被征地农民的合法权益”（第四十二条第二款）。作为民法的重要构成部分，《物权法》是财产权利保护的基本法，该法关于征地及补偿制度的规定，有着不同于以往的特殊意义。首先，《土地管理法》作为土地行政法，其立足点是赋予行政机关征地权力，保护被征地人土地财产权利也要以服从行政权力为前提；《物权法》作为财产权立法，立足点是被征地人财产权利保护，通过赋予其土地物权制衡行政权力。其次，《物权法》关于征地补偿项目的规定更为完善，除《土地管理法》要求的土地补偿费、安置补助费、地上附着物和青苗的补偿费4项外，增加了“被征地农民的社会保障费用”。最后，《物权法》明确区分了征收与征用各自的适用范围，在《土地管理法》中，对此并无明确规定。

在开发区及房地产热潮持续冲击耕地保护“红线”，征地拆迁侵犯农民土地权益矛盾不断凸显的背景下，2010年，国务院发布了《关于进一步严格征地拆迁管理工作切实维护群众合法权益的紧急通知》（国办发〔2010〕15号），强调征地拆迁要严格执行有关规定，坚决纠正违法违规征地拆迁行为。随后，国土资源部为贯彻落实国务院文件精神，发布了《关于进一步做好征地管理工作的通知》（国土资发〔2010〕96号），对征地补偿新标准实施、补偿安置、农民住房拆迁补偿安置、规范征地程序及强化监督管理等作出明确规定。2011年，中共中央、国务院及相关部门又连续下发了政策文件，旨在进一步严格规范征地与拆迁补偿工作。2011年1月19日，国务院通过 《国有土地上房屋征收与补偿条例》（国务院令第590号），国有土地上房屋征收与补偿工作进一步制度化、法制化；2011年3月，中纪委办公厅下发了《关于加强监督检查进一步规范征地拆迁行为的通知》（中纪办发〔2011〕8号），要求加强对征地拆迁政策规定执行情况的监督检查。2011年5月，国土资源部下发了《关于切实做好征地拆迁管理工作的紧急通知》（国土资电发〔2011〕72号），要求认真贯彻落实中央有关规定要求，严格征地拆迁管理，维护被征地农民利益，及时化解矛盾纠纷，妥善处理征地拆迁突发事件，开展全面检查，坚决纠正违法违规征地拆迁行为。

为了从根本上解决征地补偿制度不适应市场经济体制的问题，近年来，有关部门组织进行了多次多地土地制度改革试点。2010年，国土资源部办公厅发布了《关于部署开展征地制度改革试点工作的通知》（国土资厅函〔2010〕633号），选择天津、重庆、佛山等11个试点城市，按照“重点探索、局部试点、封闭运行、结果可控”的要求，重点围绕区分公益性和非公益性用地，缩小范围，完善征地补偿安置机制试点，为深化推进征地制度改革积累了宝贵经验。

（4）未来深化征地补偿制度改革政策方向的提出

2008年，中共十七届三中全会作出的《中共中央关于推进农村改革发展若干重大问题的决定》（以下简称《决定》）要求："改革征地制度，严格界定公益性和经营性建设用地，逐步缩小征地范围，完善征地补偿机制。依法征收农村集体土地，按照同地同价原则及时足额给农村集体组织和农民合理补偿，解决好被征地农民就业、住房、社会保障。"《决定》特别要求："在土地利用规划确定的城镇建设用地范围外，经批准占用农村集体土地建设非公益性项目，允许农民依法通过多种方式参与开发经营并保障农民合法权益。逐步建立城乡统一的建设用地市场，对依法取得的农村集体经营性建设用地，必须通过统一有形的土地市场、以公开规范的方式转让土地使用权，在符合规划的前提下与国有土地享有平等权益。"有学者认为，《决定》的出台表明："中央推进征地制度改革的号角已经吹响，改革方向已经明确。"（黄小虎，2013）但在实践中，改革的步伐比人们预期的要慢。

2013年11月18日，中共十八届三中全会作出的《中共中央关于全面深化改革若干重大问题的决定》提出："紧紧围绕使市场在资源配置中起决定性作用深化经济体制改革""经济体制改革是全面深化改革的重点，核心问题是处理好政府和市场的关系，使市场在资源配置中起决定性作用和更好发挥政府作用。"该《决定》为全面深化改革作出了纲领性规定，开启了改革的攻坚阶段。建设征地制度作为改革的重要内容，必须体现"市场在资源配置中起决定性作用""处理好政府和市场的关系"的方向，它要求："建立城乡统一的建设用地市场。在符合规划和用途管制前提下，允许农村集体经营性建设用地出让、租赁、入股，实行与国有土地同等入市、同权同价。缩小征地范围，规范征地程序，完善对被征地农民合理、规范、多元保障机制。扩大国有土地有偿使用范围，减少非公益性用地划拨。建立兼顾国家、集体、个人的土地增值收益分配机制，合理提高个人收益。完善土地租赁、转让、抵押二级市场。"

3.2 我国现行征地补偿制度简要评价

简要的历史回顾就像一条比较清晰的制度变迁路线图，既让我们看清楚了制度的运行轨迹，又从历史的坐标中标定了现状与不足：我国现行建设征地补偿制度尽管自20世纪80年代以来多次修改调整，但仍然滞后于市场体制发展的步伐，总体上属于计划经济的征地补偿制度。其主要表现为3个矛盾。

3.2.1　计划与市场的矛盾：固守“单轨制”的征地制度

1982年颁布的《宪法》已经明确规定建设征地的前提条件是“国家为了公共利益的需要”；2008年，中共十七届三中全会作出的《中共中央关于推进农村改革发展若干重大问题的决定》进一步要求：“严格界定公益性和经营性建设用地，逐步缩小征地范围”，但《土地管理法》至今没有对公益性与经营性建设用地的范围作出界定。按照《土地管理法》第三十三条的规定，任何单位使用土地必须使用国有土地及国家从农民集体征收来的土地，有学者认为，这种建设用地供给的“单轨制”，最严重的问题就是不分公共利益和私人利益，一概利用国家的征收权，采取强制手段征收土地，不仅带来严重的不公平问题，更直接违反《宪法》的规定。采用这种计划经济方式征收土地，使国家成为土地最大的批发商、土地囤积者，这是导致我国当前土地制度严重扭曲，使农民权益受到严重损害的一个最重要的制度根源。

在经济学家看来，政府垄断建设用地供给，同时还扭曲了城市化进程，让政府在土地转让过程中获得了巨额的差价。行政权力在国有土地资源配置过程中，由于缺乏监督，很容易造成土地利用率低下和腐败滋生的情况。而这些正是下一步改革的关键（盛洪等，2009）。

“单轨制”的法律依据是所谓坚持土地的社会主义公有制，有效控制和保障建设用地供给，在实践中效果并不理想。需要进一步深入探讨的问题是：“单轨制”的供地方式从资源配置效率到建设用地管控，其存在的合理性到底有多大？

3.2.2　行政权力与产权的矛盾：剥夺农民土地财产权利的补偿制度

补偿价格严重偏离土地价值。《土地管理法》规定的征地补偿价格，是按照土地的农业用途价值的倍数计算的，与作为建设用地的出让价格存在巨大差额，在支撑“土地财政”的同时，也因此使得数千万被征地农民失地致贫。有研究者认为，中国现行土地征用制度的产生有特殊的时代背景。它在财力有限的情况下，能有效地解决政府，特别是地方政府财力不足的问题，保证国家社会和经济发展所需的土地（钱忠好，2004）。但是，在制度设计上，让农民为国家建设牺牲巨大的财产权益，于财产法上是否能够找到依据？这种牺牲，能够像有学者认为的那样，是以较小的代价换取了更大的发展吗？

3.2.3 市场运营与行政管理的矛盾：地方政府既是经营商又是监管者的管理制度

土地是最为重要的市场要素。我国人多地少的基本国情和所处的工业化、城镇化快速发展阶段，凸显了建设用地供给与耕地保护的矛盾。因此，节约用地、保护耕地，一直是我国土地管理的基本制度之一。随着实践中各类建设粗放用地问题的日渐突出，作为政策应对，相关制度措施的要求也日益严格。1998年公布的《土地管理法》被认为实施了世界上最为严格的耕地保护制度；2008年中共十七届三中全会作出的《中共中央关于推进农村改革发展若干重大问题的决定》更是明确提出："坚持最严格的耕地保护制度，层层落实责任，坚决守住十八亿亩耕地红线。""实行最严格的节约用地制度，从严控制城乡建设用地总规模。"而形成明显对照的是，从20世纪80年代中期开始，各种名目的圈地潮却并未因此有所收敛，而是愈演愈烈，几近失控。从制度本身检讨，地方政府一方面垄断建设用地一级市场，是最大的建设用地经营者；另一方面，政府同时担负着建设用地宏观调控与监管职责，两种职责集于一身，孰重孰轻，孰得孰失，人们可想而知。上述制度安排似乎存在这样的逻辑前提：产权人对土地等稀缺要素的珍视与节约程度远不如政府，因而在保护耕地与节约用地上，将经营权赋予政府，比保护产权人权利更为重要。这个逻辑前提是否成立值得怀疑；从经济学意义上说，资源价值越是得到体现，资源的利用越是集约。从这个角度分析，表面上与补偿制度不存在瓜葛的节约用地与耕地保护制度，实质上同补偿制度联系密切。

第四章　权利之上的权力：超经济强制与征地补偿制度偏误

4.1　财产权利与超经济强制

在法律意义上，财产权利作为一种法律赋予，实质上反映了一种社会关系，一种权利与权力的配置状态，包括产权之间的关系，即产权界定问题，还包括产权与政权的关系即私权与公权、财产权利与政治权力的关系。其中，后者最为关键，因为它处理国家与公民之间的权利（权力）配置关系。从宪法意义上说，产权是对国家权力的约束，“宪法基本权利之规定，是完全针对国家而发，基本权利条款的本身，就富有纯粹针对国家之性质，而非针对人民性质”（陈新民，2001）。公权并不就是超经济强制，但超经济强制必须以公权即政治权力为基础，现代产权作为一种“垄断”性权利，与超经济强制相互排斥，有超经济强制存在，真正意义的产权就不可能实现。

4.1.1　超经济强制的含义

超经济强制（super-economic power），又译为“经济外强制”“非经济强制”，是马克思在分析封建地租时使用的一个术语。马克思认为，超经济强制就是生产资料的所有者对直接生产者具有政治、法律的强制力量，这种力量既可以是国家等权力机关正式赋予的，也可能是由习俗、习惯等形成的。超经济强制是专制统治者和封建地主阶级榨取农民剩余劳动的必要条件或手段，包括封建官僚贵族依靠政治权力对土地产权的恣意剥夺，也包括农民对地主的人身依附或农民人身的不自由、农民以人身作为土地的附属物对土地的依附。超经济强制对封建社会剥削制度的巩固和发展起着重要作用。

马克思强调封建社会的财产权利是处于政治权力控制之下的，反映在法律关系上，是统治和服从的关系，是依附关系。在这种背景下的财产关系只是政治的附属物，没有采取单纯经济的形式：“在这里，一切私人领域都有政治性质，或者都是政治领域……在中世纪，政治制度就是私有财产的制度，但这只是因为私有财产的制度就是政治制度”“在这些条件下，要从小农身上为名义上的地主榨取剩余劳动，只能通过超经济的强制，而不管这种强制采取什么形式。”（中央编辑局，2009b）[893]。

按照马克思上述关于超经济强制的观点和相关论述，可以得出两点结论。

第一，超经济强制在封建社会对土地产权的剥夺包括两方面内涵：一方面，是指封建地租剥削方式的特征，这是封建制度下劳动者同土地相结合方式本身所固有的一种关系，属于经济上的特权；另一方面，是指借助于土地所有者的特权或者代表土地所有者利益的政权力量来维护这种剥削形式，属于政治上（即上层建筑上）的强权。在封建社会，两种强制的主体分别来自封建主和封建制国家机器。这两个方面地位不同，但密切联系，后一方面的作用以前一方面的存在为基础，前一方面的作用以后一方面为保证，但由于上层建筑相对于经济基础的独立性，不能由此得出结论，地主的经济特权一旦被打破，国家机器的政治强权就不复存在。

第二，超经济强制在资本主义生产方式中，只是“例外地使用”；在社会主义市场经济条件下，同样不应当有生长空间。历史上，超经济强制曾经是资本主义生产关系的“助产婆”，在原始积累时期，建立了赫赫功勋：“新兴的资产阶级为了‘规定’工资，即把工资强制地限制在有利于赚钱的界限内，为了延长工作日并使工人本身处于正常程度的从属状态，就需要并运用了国家权力。”（马克思等，1995）[263]。但超经济强制所固有的等级特权特征，与市场经济平等自愿的商品交换原则截然对立，因此，资本主义生产关系真正建立起来之后，只能有经济强制而绝不可能允许超经济强制充当主角：“经济关系的无声的强制保证资本家对工人的统治。超经济的直接的暴力固然还在使用，但只是例外地使用。”（马克思等，1995）[263]。同样，市场规律的统一性不会给中国的超经济强制以特殊眷顾，因为经济关系的“强制”是其无法抗拒的力量。

超经济强制迟滞经济增长进程，在于权力成为资本，参与产权的分配过程，破坏了资本投入产出的循环与增值过程。指望产权成长为资本并释放其增值价值的全部能量，唯一的途径就是使产权从超经济强制“统治和从属的关系下完全解放出来”。

4.1.2 超经济强制与公共权力

产权的全部关系包含两个层次：产权与产权，产权与公权。前者属于社会主体之间的产权界定，它一方面要求主体相互平等，没有特权的存在；另一方面要求权利边界清晰，个人在行使产权时，不构成对他人权利的侵害。法国《人权宣言》第4条明确规定："自由包括从事一切不损害他人的行为的权利。因此，行使个人的自然权利只有以保证社会的其他成员享有同样的权利为其界限。"在市场经济条件下，等级特权已经退出历史舞台，私人产权制度调整的主要任务因此聚焦在产权明晰方面。后者属于私人与国家之间产权与政治权力的界定，即公权与私权的配置。公权即公共权力，是指国家机构及其工作人员代表国家掌握并行使的，用以处理公共事务、维护公共秩序、增进公共利益的权力。公权的存在并不等于超经济强制，但滥用公权力剥夺合法产权则当属超经济强制无疑。由于中国传统权利与权力结构意义上的公权总是高于私权，两者分别处于统治与服从的地位，因此，现代产权制度调整政治权力与产权关系的核心任务是产权保护。

法国著名启蒙思想家卢梭认为，国家是社会契约的结果，政府的统治权力完全来源于人民的委托，所有个人同意服从国家意志；人民"尽管将自己与全体结为一体，但仍然可以服从自我，仍然像以前那样自由"（1760）。按照民主国家的普遍宪法原则，国家主权属于人民，如法国第五共和国宪法第1章第3条规定："国家主权属于人民，由人民通过其代表和通过公民投票的方法行使国家主权。"

我国是人民民主专政的社会主义国家，人民主权原则同样适用于我国，并且社会主义制度保证了人民主权的真实性与彻底性。人民主权对公共权力的基本要求有三点：其一，公共权力来源于人民需要，是人民的委托；其二，公共权力由人民行使和监督；其三，公共权力为人民的利益行使。如果政权机关在行使公共权力时，背离了上述要求及相关法律规定，就会导致超经济强制。

4.2　土地产权的社会义务限制

自德国法律在第二次世界大战之后提出"所有权的社会义务"理论和原则，并建立削弱所有权的绝对性，强调所有权的行使以维护公共利益和尊重他人利益为前提的各种制度之后，世界各国基本上都接受了这一理论，而且将这一理论在不动产法中普遍予以应用，要求不动产所有权的行使必须尊重相邻权、重视环境保护，并且应当容忍为公共利益限制私人不动产所有权。"所有权的社会义务"原则修正了传统物权法强调的物权"绝对权"原则，对保障公共利益的实现十分必要。我国《宪法》和法律也从基本经济制度和具体制度规定的不同层次对产权行使作出限制性规定，但从立法精神考察，对产权的公共利益限制绝不意味着剥夺私人所有权或者相关产权。

第五章 土地财产权利探源：征地补偿制度形成的历史背景

5.1 奴隶制、封建制下的中国土地私有制和土地产权

西方马克思主义史学家安德森（Perry Anderson）认为，前资本主义的生产方式都是通过超经济强制来运作的，因此，这些政治、法律的上层建筑已经成为前资本主义社会生产方式的本质结构。君主专制和等级特权是奴隶社会和封建社会政治制度的本质特征，也是超经济强制存在的制度保证。在这种制度下，旧中国是否存在真正意义的私人土地产权？马克思认为：“如果不是私有土地的所有者，而像亚洲那样，国家既作为土地所有者，同时又作为主权者而同直接生产者相对立，那么，地租和赋税就会合为一体，或者不如说，不会再有什么同这个地租形式不同的赋税。在这种情况下，依附关系在政治方面和经济方面，除了所有臣民对这个国家都有的臣属关系以外，不需要更严酷的形式。在这里，国家就是最高的地主。在这里，主权就是在全国范围内集中的土地所有权。但因此那时也就没有私有土地的所有权，虽然存在着对土地的私人的和共同的占有权和使用权”（1962）。很多论者据此论证旧中国的土地为国有制，没有私有制。但批评者认为：“关于土地私有、国有问题，要通过经济关系的分析，即农民创造的剩余劳动主要归谁所有；在地主所有制条件下，农民对谁发生人身依附关系。以上两者是私有或国有的基本标志。同时要区分田赋和地租的界限，要摆脱单纯法权关系和国家主权关系的框架，更不能根据马克思所谓‘东方没有土地所有权’的提法论证中国封建所有制为国有制”（李文治，2005）[3]。封建时代以前的中国到底是否如马克思所说没有私有土地所有权，可以分阶段来考察。

5.1.1 奴隶制社会的土地天子所有权

夏代的田制已不可考。商代后期和西周采用的是“井田制”。“因其将土地划作井字形，故名。”（张晋藩，1986）[252]这些井田的最高所有者属于国王，“普天

之下，莫非王土；率土之滨，莫非王臣。”天子将土地分封给诸侯，诸侯将受封的土地再转分给大小贵族。大小贵族拥有世袭的土地占有、使用和收益权，但没有所有权，对土地不能随便买卖和私相授受。周王有权随时收回土地，史称“削地”。在奴隶社会君主极度专制的所谓家天下背景下，国家即君主之国家，人民乃君主之臣民，土地国有等同于君主所有，因此，天子所有仍被认为国家所有：“中国奴隶制社会是以土地国有为基础的”（张晋藩，1986）[253]。这种以国家权力为后盾的土地君主所有制，是超经济强制的典型形式；君主对国家政权的高度垄断及由此延伸而来的君主对地权的直接控制是奴隶制土地产权制度的突出特点。

5.1.2　封建社会的土地私有制与私有土地产权残缺

从战国时代起，开始形成封建土地所有制。战国时期的变法主要是改变土地所有制，其中以李悝和商鞅最为著名。公元前400年左右，李悝任魏相，厉行改革，废除“世卿世禄”制度，颁布“尽地力之教”，鼓励耕作，增加生产；公元前350年左右，商鞅相秦，“废井田，开阡陌”，确立封建土地私有制，允许土地自由买卖，摧毁了旧贵族的土地世袭占有特权，确立了封建土地所有制，并确认土地买卖的合法性。封建土地所有制将土地分为公田、私田两类。皇帝和政府直接掌握的称为公田，臣民所有的称为私田。这种所有制一直存在于整个封建社会。

战国时期，随着土地私有制的确立，一些著名思想家也深刻地阐述了实行土地产权私有的意义。公元340年前后，儒家思想家孟子、荀子分别提出了“制民之产”“农分田而耕”的主张。孟子曾说：“民之为道也，有恒产者有恒心，无恒产者无恒心，苟无恒心，放辟邪侈，无不为己。”主张给予农民一定的私有土地，使其“仰足以事父母，俯足以畜妻子，乐岁终身饱，凶年免于死亡”（《孟子·滕文公上》）。荀子进而提出了明确的富民思想，并论述了富民与耕地保护的关系：“裕民则民富，民富则田肥以易”“不知节用裕民则民贫，民贫则田瘠以秽”（《荀子·国富篇》）。

秦始皇统一六国后，建立了中国统一的地主阶级政权，在全国范围内，以法律形式确立了封建土地所有制，并以此为基础，建立和发展了封建地主经济。

中国封建土地所有制及与之相辅相成的土地产权，在封建地主制经济与小农经济的土壤里成长，并以封建君主专制和等级特权制度为保障，因此，学者主要以地主制经济与小农经济变化为依据，同时也考虑政治上朝代更替与政治制度变迁，将封建土地制度分为前期、中期和后期三个阶段（李文志，2005）[6]，考察各自的特点。

①封建社会前期——秦汉至南北朝的土地制度。这一时期，先是地权相对分散，农民小土地所有占较大比重；到汉武帝时，地权逐渐集中；西汉后期，地权集中高度发展，国家所有的官田遍布天下，并以此赏赐给显贵管领。王莽曾计划复古改制为王田制，因受到权贵地主激烈反对归于流产。魏晋南北朝时期，门阀豪族对土地的垄断更加突出，土地产权同政权的联系更加密切，地主也因此出现士庶之分，即权贵地主和庶民地主，等级差别日益加剧，阶级关系尖锐对立，封建依附关系日益强化。

②封建社会中期——隋唐至宋元的土地制度。唐朝中叶前，尽管门阀豪族土地垄断的残余依然存在，但旧世族地主逐步退出了历史舞台，此后，地主制经济步入正常发展轨道。这一阶段可以再划分为两个时期：隋唐时期，实行限制拥有土地数量的均田制，并对土地买卖加以限制，如唐朝法律规定口分田不得买卖，永业田也不能随便买卖；宋朝虽然在口分田、永业田方面沿用唐代旧律，但增加了“典卖物业”、使用“契帖”的规定，允许私有土地自由买卖，同时确立了土地租佃制度和典卖制度，这是中国土地制度的历史性进步。土地租佃和典卖虽然属于土地商品交换的形态，也在一定程度上体现了土地经济关系发展的需要。但上述制度建立的是封建租佃和典卖关系，仍然处处渗透了等级特权的因素。土地租佃与现代租赁有着巨大差别：史书记载，租种地主土地的“佃客”，又称“佃户”，简称“佃”，魏晋时指世家豪族荫庇下的一种依附农民；唐以后指完全失去土地，租种地主土地的农民。唐代佃客的身份是庄主的私属，可免官府的课役。宋代编入国家的户籍，不再是地主的私属，须缴纳身丁税和负担徭役，遭受地主的地租和高利贷剥削，被牢牢束缚在地主的土地上，地位近似农奴。《宋史·刘师道传》说：“川峡豪民多旁户，以小民役属者为佃客，使之如奴隶，家或数十户，凡租调庸敛，悉佃客承之。”《明实录·太祖洪武五年》记载：“佃见田主，不论齿序，并如少事长之礼。”土地典卖，则是通常所说的活卖，即典卖的农民在一定期限内可以赎回，因此典价远较卖价为低，典卖土地的多为小农。确立典卖制度，不仅使地主得以廉价取得小农土地的典权，而且当小农到期无力赎回土地时，地主可以直接获得出典土地的所有权而不必再行支付价格。可见，当时的典卖是公开保护豪门贵族强取豪夺的制度。

这一阶段土地产权关系有三个突出特点。

第一，国家政权对土地的直接控制弱化而等级特权的超经济强制强化。但这只是政治权力强制经济权利形式上与程度上的差别，并没有本质意义的改变。土地产权与等级特权密不可分。一方面，有特权就拥有土地。均田制下，土地分配以人口为分配标准，从表面上看，较以前平均程度加强，但官僚和有势力的大地主会通过合法的或不合法的手段得到更多的土地，而普通农民则不能。例如，北魏实行均田制时，官吏本身受桑田数额与农民一样，但政府规定：男夫1人给桑田20亩，“奴婢依良”。这样，官吏就可通过占有奴婢而多占土地。隋唐均实行官吏按品级受永业田的政策，隋代是多者100顷，少者40顷；唐代是多者100顷，少者20顷，大大超过农民受田。于是，从一开始就产生了土地占有上的不平等，这又为以后土地的流转和再分配中扩大不平等打下了基础。另一方面，有土地者同时拥有特权，土地产权的多寡成为等级权利的基础，如元代田主殴死佃客和良人殴死他人奴婢一样，只是断杖170，征烧埋银50两。“就这一点看，佃客的法律地位甚为低下，几近奴婢了”（李文志，2005）[7]。

第二，土地产权私有无论是在制度上，还是在观念上，都得到一定程度的强化。其表现首先是永业田比重逐步增大；其次是从唐朝开始对土地买卖行为放宽限制，到宋朝实现自由买卖；最后是封建土地租佃关系与典卖关系普遍发生，宋朝时期，出租的不仅有地主土地、庙产，还有国有土地。国家将直接占有的土地出租，也按照民间体例，“明立要契”，双方共同遵守，收成按照契约分配。但由于封建制度的所有制关系和整体的权利与权力结构安排决定产权制度，现代意义的私有土地产权在这个历史阶段并不存在。

第三，土地兼并恶性循环，成为加剧阶级矛盾和社会动荡的直接诱因。隋朝，贵族官僚既可按照奴婢数量获得更多国家受田，又可按照各人品级分得大量永业田而不承担赋役，把沉重的赋役强加到农民头上，加上隋炀帝穷奢极欲、穷兵黩武，导致民不聊生、纷纷揭竿而起，灭亡之速自不待言；唐朝开国初期，尽管在实行均田制上较隋朝彻底，但由于贵族官僚所受永业田、口分田本来就多于普通农民，加之土地买卖尺度放宽、租佃关系广泛发展，贵族官僚借机敛取财富、兼并土地，“开元以后，土地受而不还，成为实质上的私有，均田制也就名存实亡”（林增杰，1989）；宋朝以后，对私有土地买卖不再进行任何限制，土地租佃与典卖也得到空前发展，建立在封建土地所有制与政治制度基础上的地权流动，必然加剧土地上的弱肉强食，所以，宋代土地兼并之风远较前代为甚。这种由朝代建立之初地权分散到后期兼并之风日盛，兼之对农民的赋役剥夺日益苛重而带来农民激烈反抗，最终导致朝代更替的循环，不仅在本阶段，几乎在整个中国封建社会都成为显著特征。

③ 封建社会后期——明清时代的土地制度。明清时代土地关系仍沿用宋朝旧制，国有土地与私有土地并存，在经济制度上，明万历年间张居正推行一条鞭法。清雍正年间，在此基础上，正式改行摊丁入亩，改变了历代赋和役平行的征收形式，统一和简化了赋役制度，实现了赋税征收由实物为主向货币为主的

转变。

这一时期土地制度的特点首先是等级特权对土地产权的控制有所松解，但并没有实质性的改变。明律废除唐律占田过限条款，田多田少听民自为，于是，皇族贵戚与宦官占有大量庄田。洪武至孝宗的140年间，自耕农土地亩数减少一半，大部分被王府或达官贵人掠占，皇室、贵族、宦官占田达全国耕地1/7以上。清朝入关后，利用政权强制圈占土地作为诸王及八旗兵丁的私产，从顺治元年到康熙八年，通过执行圈地令，清朝皇室、八旗宗室及八旗官兵掠夺了约2000万亩耕地，旗民私垦土地也“准业户作为己产，售卖听其自便”（李文志，2005）[255]。汉人则不得典买旗地、旗房。

明清时代土地制度的另一个特点是为遏制达官贵戚对土地的兼并，保证国家对土地的直接控制和军队粮食供给，大力推行屯田制度。屯田指的是国家利用士兵和农民垦种荒地，以保证军队供养和税粮。在西汉时，已实行屯田；到曹魏时期，则有军屯和民屯之分。明代屯田是国有土地的主要组成部分，洪武年间，屯田达89万顷，占全国垦田的1/4。当时的屯田有军屯、民屯、商屯、戍屯、赎罪屯等，每年收粮500余万担，足以保证军队供粮。到了清朝，屯田名目更为繁多，在新疆伊犁等地的屯田分为兵屯、犯屯、户屯、回屯、旗屯5种，到光绪十三年，还制定了《新疆屯垦章程》。屯田戍边成了清代一项具有特色的土地制度和边防制度。屯田尽管收到了一定效果，但作为对封建土地制度的弥补措施，作用相对有限，不可能挽救既定经济关系带来的痼疾，也无法长期为继，以至于明朝末期屯田收入还不及明初的1/10。如万历年末，大学士叶向高谓屯田“大约损故额十之六七”（李文志，2005）[257]；清朝后期，由于受到社会经济发展及政治变迁的影响，官田和屯田也渐为官吏、地主、商人、高利贷者所收买或侵占，使得屯田数量名实不符。

根据李文志等人的研究，明清时代地权分配变化除上述官田民田化以外，清代民田中地主阶级占地缩小，农民占地增加，农民所有制广泛存在。造成这种与以往朝代巨大反差的原因有多种，其中最重要的因素是政府鼓励垦荒，“清初垦荒最重要的成果是使广大农民获得土地，造就了数量众多的自耕农”（李文志，2005）[295]。同时，土地商品化加深，一方面是等级特权逐渐松解的结果，另一方面又成为地权分散与变动的原因。

5.2 封建社会中国土地制度的经济基础：封建地主制经济与小农经济

5.2.1 封建地主制经济

封建社会的主导经济形态，是地主利用对土地的垄断及建立于等级特权基础上的与佃农之间的人身依附关系，实现对佃农剩余产品的占有，这就是封建地主制经济。因而，地主对土地的占有是封建地主制经济的基础。

① 封建地主制经济的形成。战国是中国封建领主制经济向封建地主制经济转变的时期，在封建领主制经济瓦解的同时，地主土地私有制和新的剥削关系随之建立。这种新的剥削关系就是地主与佃农的关系。在封建地主经济中，地主与佃农是相互依赖的两个对立物，地主的土地必须依靠佃农来耕种，而佃农没有土地或只有很少的土地，必须耕种地主的土地，所以，没有佃农就没有地主，没有地主也就没有佃农。

地主的私有土地主要来源于以下几个方面。第一，国有土地分配。地主土地的最初来源是封建王朝的土地分配。中国历史上的每个王朝初期，都进行大规模的土地再分配，即所谓占田、均田等，分配中官僚贵族阶层和有势力的大地主会利用各种手段得到更多的土地。第二，战功奖励土地和官吏赏赐土地。早在战国时期，秦国商鞅就制定政策，鼓励耕战，规定在战争中立下战功的人可以获得土地，通过这种途径获得土地的地主就是军功地主。这种赏赐的数量动辄上千亩甚至上万亩，赏赐一次就会产生为数众多的大地主。此后，历代王朝都采取以土地奖励战功的做法，战功成为地主土地的重要来源之一。第三，土地买卖。地主获得土地的主要形式是依靠买卖。封建土地买卖制度是中国封建土地制度与西欧封建领主土地制度的主要差别（高德步，2005）[191]。只要土地可以买卖，土地就可能在不同的所有者之间转移。所以，中国历史上的大地主大部分是通过土地买卖而由小地主逐渐成长起来的。中国封建社会前期，为抑制土地兼并，国家对土地买卖实行一定程度的限制；而在封建社会后期，即宋代以后，国家对土地兼并抑制松解，所以，宋代地主制经济发展较快，庶民地主大为增加，农业生产和商品经济也随之获得较快发展。国家法律也不得不承认这种现实，对土地买卖从限制变为保护，因此，占田成为历史陈迹，从而进一步加快了地权的变动。

② 地主制经济的基本特征。中国地主制经济与西欧封建社会占主导地位的领主制经济比较，有自己的特点。高德步认为，地主制经济的主要特征可以概括为三个方面，即土地买卖、租佃经营和实物地租（2005）[254]。而李文志则认为，

地主制经济的特点如下。

第一，地权体现形式不同。领主制下的地权是僵化不变的。地主制下土地可以买卖，地权分配状况变动无常：一个朝代前期地权趋于分散；到中后期，经过买卖和兼并，地权趋向集中。

第二，封建依附关系存在差异。领主制下领主所占土地产权是永恒不变的，土地遂具有主人的阶位，“封建依附关系遂构成对封建地权的一种固有属性”（李文志，2005）[2]；中国地主制经济则不同，人身依附关系不是地权的固有属性，其强弱可因地主的权势大小而不同，但地主占有佃农大部分剩余劳动的封建剥削关系没有改变。

第三，封建土地所有制关系。地权和人身依附关系“总的趋势是由强化、削弱以致松解，农民社会地位逐渐上升”（李文志，2005）[3]。

5.2.2 封建小农经济

小农经济作为一种所有制形式和生产方式，与中国封建社会的历史发展是相伴相随的，是中国封建中央集权专制统治的重要基础，对封建中国的经济、政治和历史发展影响极为深远。

① 封建小农经济形成的原因。中国封建社会的小农主要是自耕农和佃农。唐代以前，自耕农数量和所占有土地面积较大。但每到王朝晚期，都出现严重的土地兼并，小农的数量减少，地主土地所有制占据主导地位，租佃形式也随之发展起来。土地占有方式趋向集中，而经营方式则趋向分散，这种逆向运动的出现是由多种原因造成的。

第一，地少人多是导致小块土地占有和使用的自然因素。在地少人多背景下，土地规模经营必然导致人口过剩，所以，历史上土地规模经营的趋势一直没有出现，即使大地产也要分成小块经营。

第二，中国“多子均分”的家产分割和继承制度加剧了土地零星分割的状况。从商鞅时就有“民有二男以上不分异者，倍其赋”的规定，到了唐代，多子继承制度成为固定不变的传统。到明清时期，家产的分割更加频繁。中国历史上很少出现延续几代的大土地贵族，“多子均分”是重要的原因之一。

第三，自耕农和佃农没有能力从事大规模经营。无论是自耕农，还是佃农，都是穷人，他们没有条件购买或者租用大面积土地，特别是在人多地少、地租不断上涨的情况下，农民租种大面积耕地的能力进一步降低。所以，农民经营土地的数量每户少则三五亩，最多也不过二三十亩到五六十亩。

第四，生产力发展水平低下是根本原因。在落后的农业社会，小块土地经营既减少管理成本，又有利于精耕细作，是最有效的经营方式。当然，小农经营仍然存在劳动力过剩的状况，而过剩的劳动力又通过家庭手工业找到了出路，这就是中国小农与小手工业结合的农村经济特点。

② 小农经济的特征。小农主要包括自耕农和佃农两种，由于各自身份和经济地位不同，所以具有不同的经济特征。

第一，自耕农的经济特征。尽管他们的地位低下而且很不稳固，“但他们始终是中国封建农民最核心、最具代表性的部分”（高德步，2005）[255]，由于他们受到的超经济强制相对较轻，能够自主安排生产经营和控制剩余产品，所以具有较高的生产主动性和创造性。从中国封建社会经济发展的历史考察，任何时代，只要农民阶级中自耕农占主导地位，地权制度向自耕农倾斜，社会经济就蓬勃发展。著名的“文景之治”“贞观之治”“康乾盛世”都是建立在自耕农有较大发展基础上的。但盛世之治在整个封建社会历史中所占比例毕竟很小，并且没有走出逐步上升的历史轨迹，所以，小农的发展趋势主要是朝佃农方向转化而不是转化为地主。

第二，佃农的经济特征可以分成两个阶段：唐代以前，租种地主土地的人主要是佃客，与地主之间有很强的人身依附关系；宋代以后，则以佃农为主，租地农民与地主建立的主要是契约关系，人身依附关系逐渐松解。佃农虽然拥有自己的生产工具并独立进行生产，但人身依附关系仍然存在，只是程度逐步减轻罢了。除了专制政权的经济剥夺之外，佃农还受地主经济上的剥削。

佃农并不等同于依附农。三国时期，形成依附农制度，人身完全依附于地主。依附农经济权利与政治权利受到的剥夺最为深重。直到宋代，依附农的身份才大部分被解除，但整个封建社会佃农对地主的人身依附关系都是存在的。

5.3　中国封建土地产权上超经济强制的经济效率影响

5.3.1　封建土地产权上超经济强制的基本特点

无论是在制度经济学上，还是在哲学意义上，回望历史，总是一种寻根。制度的积淀绝不仅仅是一种陈迹，而是制度现实的历史渊源，其至今仍然存活的生命有的需要着力培植，有的则要彻底根除。这是一枚等待孵化的制度之卵：既是制度创新所赖以进行的基础，也是制度创新所要突破的对象。通过以上对中国从奴隶社会至封建社会土地产权制度及与之紧密联系的经济形态的简要回顾，关于中国历史上土地产权与超经济强制的关系及其特点，可以得出如下基本结论。

① 中国封建社会存在土地私有制和与之适应的私有土地产权，这种所有制是封建社会存在与发展的经济基础；这种土地产权是封建社会法权的重要组成部分，两者在封建中国数千年的历史延续中占有重要地位。

② 中国封建地主制经济与政治制度下的土地产权，处处弥漫着超经济强制的气息，是政治权力使役下的奴婢，始终处于专制集权和等级特权的掌控之下并为之服务，摆脱“政治附属物”地位的现代意义的私有土地产权从来没有存在过。中国这个农业帝国“不像现代国家那样是用经济纽带联结的整体，而是通过控制经济区的办法，用军事与官僚的统治组合而成的国家”（冀朝鼎，1981）。正像著名历史学家侯外庐30多年前指出的那样：“严格意义的土地私有权的法律观念乃是特定的历史阶段的范畴，不能用之于封建社会。”（1979）。问题的要害在于，中国封建王朝是一种天下为私的政治，明末清初学者黄宗羲曾经一针见血地指出这种专制集权政治的君主是“以天下之利尽归于己，以天下之害尽归于人……使天下之人不敢自私，不敢自利，以我之大私为天下之大公。”（1983）从这个意义上理解，马克思关于“东方没有土地私有权”的论断不仅是深刻而切中要害的，而且为分析中国土地制度上超经济强制及其影响提供了可供依据的理论假设和理论线索，正如恩格斯所说：“不存在土地私有制，这的确是了解东方大国的一把钥匙，这是东方全部政治史和宗教史的基础。”（1962）。在一个封建专制制度高度发达的国度里，没有理由存在现代市场经济意义的土地私有权。财产私有作为一种观念与利益主张，在古今中外普遍存在，“但正面确立私有财产以及突出私有权核心地位的法律制度，却从来不存在于中国历代王朝”（邓建鹏，2006）[96]。中国封建社会土地产权上的超经济强制有以下特点。

第一，在超经济强制两个基本因素中，专制政权始终占据主导地位，而封建地主对农民土地权利的剥夺始终处于次要地位并且与等级特权紧密联系。不存在真正的私有制和私人产权的局面，既是超经济强制的典型体现，同时也依靠超经济强制来维持。在这种权利与权力结构下，剥夺农民的罪魁祸首绝不是所谓封建私有制和私人产权，而是君主专制的政治制度；私有制和私人产权没有真正形成倒是农民遭受压榨的原因之一。“传统中国私人财产缺乏较完善的法律保护，私人财产容易为特权机构侵蚀。这一未曾实行私有制及严格私人所有权的社会存在的诸多社会问题，却被后人当作私有制的结果。”（邓建鹏，2006）[96]。

第二，中国封建社会发展进程中专制集权对土地产权的直接控制只有形式与程度的改变，性质则始终如一。如历代王朝大多实施均田、占田制度，就是国家强权控制土地资源配置的典型手段，而国家之所以能够将大量土地掌握于手中，前提也是对私有土地任意侵夺，动辄没收田地，私产充公，如清朝初期的圈地令就是利用政权强制圈占土地作为诸王及八旗兵丁的私产。这种做法绝非清朝仅有，如史料记载的“国初勋臣，皆给庄田以代廪禄”（林增杰，1992）。再如各朝代赖以掠夺民脂民膏支撑其朝廷统治的赋役制度也是从开国到末期逐步趋向苛重，以致逼得百姓造反，因此，导致朝代更替，进入下一个循环。结论是：专制集权离不开超经济强制，超经济强制就意味着剥夺——不仅是政治上的，同样厉害的是经济上的。

第三，专制集权对土地产权的强制既无权力分配，也无产权制衡，只有血腥的暴力抗争与镇压，维护倾斜的权利与权力结构不至于崩坏。君主或者专制集团的统治偏好与政治倾向成为土地产权制度安排的指挥棒，土地产权制度变迁具有明显的任意性特点，没有形成历史演替的逻辑轨迹。这与欧洲封建社会政治制度及土地产权制度有很大的不同。在政治上，欧洲的神权与君权是分开的并且相互制约，中国则是君权神授、君神合一、君权无限；在经济上，欧洲是分封制下的领主制经济，尽管其等级剥削被认为比地主制经济更为深重，但一开始就埋下了权力分配和权力与产权分配及使两者制度化的种子，中国则由于没有权力分配以及权力与产权分配而使产权始终处在权力的奴役之下。制度是权力与权利分配的结果，没有权力与权利的分配，就不可能有真正的制度化。因此，欧洲的领主制经济较早地退出了历史舞台，拓殖运动也顺利地培植了新的生产关系与土地产权地位，现代权力与权利结构制度随之产生。中国则直到晚清，政治上仍然是皇帝权力漫无限制，立法、行政、司法“皆总揽于统治大权”（曾宪义，2000）；经济上虽然“在土地产权方面产生了大量的制度设计”（高德步，2005）[249]，赋税制度也进行了改革，但总体上的非制度化使其进步意义大为销蚀。社会的整体进步表现为经济上产权增值与财富的积累、政治上民主制度的发展与文化上文明观念和制度的积淀，封建中国后期发展缓慢及陷入频繁的战乱与朝代更替的循环怪圈，产权的积累与制度的历史积淀进展缓慢不能不说是重要原因。

第四，等级特权对土地产权的强制始终包含着特权就是产权、产权就是特权两方面内容，而特权则始终主宰着产权。一方面，特权就是产权，官僚贵族、世族地主甚至缙绅地主不仅由身份决定对佃农享有人身强制权，还可据此获得数量不等的土地产权赏赐，享受不同程度的赋税减免。资料显示，直到清朝实行“摊丁入亩”，缙绅地主赋税优免才被逐步取消。缙绅地主的这种赋税特权长期存在，即使赋税改革之后，地主阶级仍然可以依靠暴力和赋税转嫁巧取豪夺，侵夺佃农或者自耕农的土地等财产（李文志，2005）[361]。另一方面，产权就是特权，人身依附关系尽管逐渐松解，但长期作为地主制经济的重要特征发挥作用，直到封建社会走向消亡。富人可以与官方勾结，形成特权阶层，向穷人榨取政治垄断租金；庶民地主可以通过金钱交易获得缙绅地主身份，同时还可以奴役佃农及后来的雇工，“如果雇主是缙绅地主，或者是‘足不及田畴’的大地主，在他们奴役下的雇工既不能与其平等相称，也不能与其共坐同食”（李文志，2005）[371]。当然，在封建王朝治理下，产权作为政治权力的奴婢，并不会直接等同于特权，庶民地主，甚至缙绅地主的土地产权被专制政权或者官僚贵族随意剥夺的情况经常发生，只有那些与特权紧密结合的产权才是有保障的。

5.3.2 封建土地产权上超经济强制降低效率的产权经济学解释

14世纪以后，长期雄踞于世界民族发展之巅的东方帝国逐步走向衰落。探究造成这种巨大历史转折的内在缘由，聚焦了无数学者乃至政治家的目光，从历史的苦涩中，人们依据各自的认知，品味出其中的经济、政治、文化、哲学及宗教等众多元素。制度经济学认为，制度作为“内生变量”，具有社会发展初始动力的作用。但本研究的有限构架还不足以刻画封建中国的制度全貌，并进行多维度的剖析，只是根据第4章阐述的产权——资本循环与增值均衡机理，作为分析社会经济现象的多种视角之一，从产权效率上作出理论的透视，认为封建土地产权上超经济强制迟滞经济增长进程的根源，在于其背后的制度安排打破了资本循环与增值的均衡，难以建立正常的社会资本扩大再生产机制。这也许正是为什么封建等级制下社会生产力长期发展缓慢的奥秘所在。

① 破坏资本循环与增值过程。超经济强制造就了权力的特殊地位：特权就是产权，特权就是价值，特权就是资本。但特权可以充当交换价值却永远无法成为使用价值，无法成为生产资料，离开社会关系进入生产过程后，特权就失去了往日的威风，它不可能直接创造任何物质财富的增值——特权可以驱使整个人类世界，却不能在自然面前呼风唤雨；特权可以调动所有社会财富，却不能直接生产让人充饥果腹的一粒米，资本增值的链条在生产环节被阻断了，而这个场所却正是产权增值最关键的领域。产权最过人的地方也恰恰体现在这里：“正规的所有权制度超越了资产所有人的物主身份本身，提供了一大工具，把‘僵化’的资产积累转化成‘活跃’的资本。……如果资本主义有灵魂，那么这个灵魂就是合法的所有权制度”（赫尔南多·德·索托，2006）。

② 打破社会资本扩大再生产均衡。在超经济强制背景下，特权不参与剩余价值的生产，对社会财富创造没有丝毫贡献，完全凭借权力攫取剩余价值的一部分甚至全部。巧取豪夺的直接结果是生产者盈余不足以扩大再生产，许多时候连简单再生产也难以为继；间接的后果则是权力的积累和膨胀，从而引发对生产者盈余的更大规模的盘剥与瓜分。其逻辑结果必然是：特权越是恣意扩张，对社会

资本与私人产权的破坏越是激烈，社会资本扩大再生产的均衡能力就越是低下。这也解释了为什么每个封建王朝越是在后期特权积累达到登峰造极、土地兼并日益严重的时候，就越是民不聊生。当然，与领主制经济相比较，封建中国地主制经济下，土地可以买卖，为农业剩余产品即地租的资本化利用提供了途径，有一定的扩大再生产作用。但这种土地流转带来的土地兼并，一部分是官僚贵族作为一种身份象征，投资目的大多不在经营，正如马克思所指出的："一切古老国家都把土地所有权看作所有权的特别高尚的形式，并且把购买土地看作特别可靠的投资"（1975）；另一部分才是地主纯粹用来作为资本经营的。但在占主导地位的租佃制下，土地兼并既无规模经营可言，还受君主政权与等级特权侵扰，扩大再生产机制的作用相当有限。

③ 引导社会权力偏好，弱化产权与资本激励。在超经济强制下，权力代表社会关系中的一切，朝廷和各级地方政府利用政治垄断特权追求一己私利而不惜损害全社会的利益。在权力偏好驱使下，向权力投资成为获益最大的投资领域，经营权力资本成为出人头地、发家致富的为官之道与经营之道，独特的权力本位的政治结构，士农工商的社会地位排序等，皆由此而出。相对于产权，超经济权力如同法力无边的魔咒，一旦咒语加身，则产权的本性就会丧失殆尽：产权被其纳入自己的势力范围，则即刻任意膨胀；产权被其抛弃，则随之一文不值。在朝权力投资的社会导向下，各种社会资源大都源源不断地在官场里流转：投入的是资源的耗费，产出的却是权力积累，对生产力发展及财富积累没有丝毫好处。

④ 扭曲产权资源配置功能，恶化社会资源分配。产权所追求的不再是经济效率而是政治效率，产权从原本的经济要素地位蜕变为政治要素，在政治掌控制下，产权配置的导向是权力驱使而非经济需要。翻开超经济强制的历史，政治效率杀伤经济效率的事例比比皆是；特权与产权结合起来，权力越大，则拥有的产权越多；社会资源向少数有权阶层聚集，从而由社会再生产失衡进一步导向社会结构整体失衡。至此，大厦将倾，任何人为的力量也难以挽回。

⑤ 导致权力异化与暴力对抗上升，破坏产权积累。土地产权在超经济强制的蹂躏下，变得支离破碎，社会稳定的基础被掏空，动荡、冲突、战争、风险成为惯常现象，专制政权赖以延续的手段唯有不断地重复血腥的恐怖。正像孟德斯鸠所指出的那样，恐怖是专制政体的原则，专制君主依靠恐怖维持其统治，因为在这里没有平等可言，唯有强权和服从，"在专制国家里，政体的性质要求绝对服从"（2004）。但专制与特权下的服从与稳定统治只能是统治者的一厢情愿，暴力抗争不可避免，直接的后果则是每一次农民起义之后，都伴随着产权的大破坏、生产力的大倒退。中国封建社会曾发生周期性的经济波动，周期性土地兼并

和农民战争及小农土地产权的高风险性变动（保住小块土地则仍然是小农，否则就成为流民）（高德步，2005）[248]，超经济强制正是这种恶性循环的重要根源。

相比较而言，在西方中世纪以前的领主制经济下，君主与贵族对土地产权的控制更为严厉，地主制经济因此具有很大的优越性。但是随着领主制经济在西方国家退出历史舞台，超经济强制的枷锁就逐渐被土地产权突破。产权状态不同，产权效率随之产生很大差异。

5.4 土地产权上超经济强制与中国资本主义生产方式的迟滞

是什么原因促使旧中国形成超稳定的封建社会结构？为什么中国社会发展的历史车轮长期徘徊在现代市场经济的大门之外？隐藏在这种现象背后的众多原因中，超经济强制影响土地产权制度及其保护的经济关系，进而阻滞生产方式发展的解释力到底有多大？

5.4.1 相关经济理论解释梳理

与此相关的理论主要有依据制度经济学制度变迁理论的解释，依据马克思主义政治经济学原理的解释，以及更为具体的关于中国古代长期实施重农抑商政策影响的解释和高水平陷阱假说，等等。

① 强制性制度变迁的“政治企业家”利益假说。按照林毅夫的解释：制度变迁受制于一个社会利益集团之间的权力结构和社会偏好结构，一般通过两种方式进行——强制性制度变迁和诱致性制度变迁。强制性制度变迁是“由政府命令和法律引入实行的”制度变迁。诱致性制度变迁是“由一个人或一群人，在响应获利机会时自发倡导、组织和实行的”制度变迁（林毅夫，1991）[105]。制度经济学依据制度变迁是制度需求与制度供给均衡的过程原理，认为在需求既定的情况下，制度供给也就是变迁或者创新途径就成为关键。根据戴维·菲尼给出的分析框架，影响制度供给的因素包括制度设计的成本、现有的知识积累、实施新制度的预期成本、宪法秩序、现有制度安排、规范性行为道德准则、公众的态度和居于支配地位的上层强有力决策集团的预期净利益等重要变量（国际经济增长中心，1993）。制度供给的主导力量取决于在现有宪法秩序和行为规则、道德准则下，决策者有多大的创新意愿和能力。关于制度创新，速水佑次郎、弗农·拉坦（2000）认为，如果把与经济增长相联系的经济关系的不均衡，如技术变革导致新的收入流的产生和相对要素禀赋的变化，视为制度变革需要的重要源泉，那么，制度创新的供给主要取决于一个社会中利益集团之间的权力结构或平

衡。……换言之，政治企业家预期从制度创新中获得的收益超过了为引进变革所需调动资源的边际成本，是决定制度创新的基本力量。国内学者比较多地关注集权政体下制度强制性变迁或者创新的动力机制，按照胡汝银的分析，制度变迁遵守以下规则。一是任何经济当事人在制度变迁和权利重新界定过程中追求的目标，皆是自身效用或利益的最大化。二是制度变迁过程的核心问题是权利重新界定和相应的私人利益调整，这是一个包含不同力量的政治较量过程，实际的制度安排总是有利于占支配地位的经济当事人，由此决定了制度变迁的方向、速度、形式、广度、深度和时间路径。三是在高度集权的政体和国体下，核心领导者的偏好及其利益决定着制度变迁的基本方向（胡汝银，1994）。

"政治企业家"利益说倒是可以在一定程度上解释封建中国为什么一直没有突破专制的桎梏，因为对君主而言，专制制度总是各种制度选择中对君主利益最大的制度安排。由此看来，依据"偏好"解释制度变迁并不具有彻底性，因为偏好说到底是由利益决定的，偏好的翅膀无论怎样强劲，也不能逾越利益的领空。可是，这"利益"仅仅是"政治企业家"自己的吗？实际上，作为最高"政治企业家"的君主的权力及其实现离不开既定的权力架构，上述关于"制度创新的供给主要取决于一个社会中利益集团之间的权力结构或平衡"的断言倒是非常深刻。

② 马克思的经济基础与上层建筑关系学说。马克思主义政治经济学突出的特点之一是将经济与政治密切联系起来，从经济基础与上层建筑的关系上，把握其运行规律，认为制度作为上层建筑的一部分，作为意识形态体系，既在根本上决定于经济基础，又在上层建筑领域内受制于政治体制的实际架构，但制度具有相对独立性，一旦形成，制度就会在自己的框架内运行并规范上层建筑，同时反作用于经济基础。这与新制度经济学把某些制度看成"内生变量"有本质的区别，但这并不等于两者截然对立。马克思、恩格斯的《资本论》对资本主义剩余价值及社会再生产均衡的研究，紧紧围绕资本主义生产关系和资本制度展开，在对市场经济制度宏观运行规律的揭示方面，能够企及者至今寥寥无几。也正是这个原因，《资本论》的学说作为解释资本形成与发展的理论依据，具有很强的说服力，只是马克思、恩格斯将《资本论》的使命定位在揭示资本主义的产生、运动与最终被社会主义取代的历史必然，却没有直接告诉我们资本怎样打破特权，因此，这里只能运用马克思、恩格斯的一般分析方法作为基本依据。由于马克思、恩格斯的理论体系十分庞大，掌握不好，很容易陷入"无限循环论""僵化决定论"的窠臼，以马克思的学说为基本依据并不证明本研究排斥了制度经济学分析框架的运用。例如，关于"政治企业家"利益，制度经济学的研究就更为精致。

此外，关于"重农抑商"政策的影响、"高水平陷阱"假说等解释，在理论逻辑及历史实证方面，都只能揭示某个侧面，不再赘述。

5.4.2 超经济强制阻滞中国资本主义生产方式的产权原因分析

按照马克思主义学说，研究资本主义生产方式为什么没有在中国产生，必须首先考察资本主义生产方式存在与发展的制度条件。为简化分析起见，这里将第4章所述资本家的资本循环过程与社会资本扩大再生产过程结合起来，分析资本增值的实现条件。首先，要有资本家的资本（私人产权），以及增值资本的法律保障（西方世界的原始积累尽管血腥累累，但当资本主义生产方式真正建立之后，特权剥夺就变成纯粹的经济剥夺）。其次，要有契约自由，可以将货币资本自由地转化为生产资本，在市场上购买生产资料和劳动力，并再在市场上将产品转化为货币。李文志认为，资本主义生产关系中最本质、最核心的东西，就是作为封建主义本质特征的人身依附关系被打破，资本家可以在市场上买到自由雇工（2005）[444]，所有这个过程必须等价交换。最后，能够自主地组织生产经营过程，即享有社会主体资格。推而广之，整个资本主义生产方式的实现条件可以简要概括为两个方面：经济方面产权保护及由此延伸的契约自由；政治方面主体平等，即独立的商事主体地位。这种生产方式在经济制度上的要求上升为法律，就是资产阶级宪法关于私有财产神圣不可侵犯和契约自由的著名原则；这种生产方式在政治制度上的要求（贯穿于整个资本增值过程，又没有在循环与均衡公式中得到表现的另一个重要的条件，即政治条件）上升为法律，就是资本家的主体资格与主体权利，即宪法的平等原则。资本家乃人格化的资本，他的直接目的是为自己而不是为社会生产剩余价值，没有主体资格，即平等权利，他的目的永远无法实现，同时也意味资本家阶级不存在。资本主义生产方式实现的制度条件的进一步简化就是：资本家阶层经济上的产权（资本权）、政治上的主体平等权。

虽然经济增长和发展理论表明："所有权不是经济增长的充分条件"（姚洋，2004），但这里的分析实际上已经隐含了这样的约束前提：在欧洲世界大踏步走进资本主义生产方式的时期，中国的经济技术发展水平与欧洲不相上下，甚至超过欧洲。1700年，中国和欧洲的GDP总量相当，各占世界GDP总量的23%多一点；直到鸦片战争前不久的1820年，中国仍然超过欧洲，占世界GDP总量的近1/3；在人均收入方面，中国在1700年也只比欧洲低1/3。也正是由于这个前提条件的存在，才会有"李约瑟之谜"，才会引发众多学者的研究兴趣。

另一方面，考察资本主义生产方式为什么没有在中国产生问题，必然涉及对与之相联系的工业革命为什么没有在中国诞生的理论的研究，包括高水平陷阱假说、经验性技术和与科学结合的试验性技术差别假说等。都在某些约束条件下，它们具有相当的解释力，但有些遗憾的是，这些理论都对时间顺序上欧洲先有资本主义生产方式，后有工业革命和科技革命的事实重视不足，制度变迁与后两者的相继发生并非偶然。而产权的解释恰恰在此点上是与上述时间序列乃至逻辑序列相吻合的。

对比西方社会，中国封建社会超经济强制下的地主制经济无论是在经济层面的产权上，还是在政治层面的主体权上，都不具备资本主义化的条件，政治层面尤为突出。

① 经济上产权——资本循环增值的链条——没有形成，无法推进资本原始积累的普遍化过程。产权是资本的种子，资本则是新生产关系的胚胎。但由于封建超经济强制下战争、暴力与庞大的专政机器、庞大的寄生阶层层层叠加地吞噬社会财富，资本积累与增值普遍化进程迟缓，甚至在某些阶段出现倒退就成为必然。典型的例证如每次农民起义都同时又是一场社会资产的浩劫，战争结束之后，都会出现生产力的大破坏；再如各朝代后期地租普遍苛重，大量侵蚀利润问题。还有一个让人费解的现象，就是随着商品经济的发展，大地主的数量和控制的土地规模反而减少。清朝后期，大地主没落，中小地主发展，甚至自耕农的数量增加是一种发展趋势（李文志，2005）[256]，究其原因：一方面，封建专制下地权频繁变更，所谓“千年田，八百变”；另一方面，不仅小农，甚至包括地主在内的私有产权受到各种盘剥，正常的生产积累不能持续，佃农变为富农、自耕农变为地主、地主变为土地资本家或者工商业资本家的成长机制被阻断。换句话说，中国没有形成资本主义生产关系的原因之一，是私有制和私人产权发育不充分，产权演化为资本的进程没有完成。“传统的官僚贵族统治集团，……吞噬了新技术和经济发展的作用”，政府垄断与对工商业的限制“剥夺了中国商人成为无约束的企业家的机会，使经济失去了自由发展的可能性”，因此，自汉代发展起来、到宋代达到鼎盛的、超过西方国家的商业繁荣，却没有进一步导致资本主义生产方式对传统生产方式的替代，“宋代时的名副其实的商业革命，丝毫未对中国社会产生爆炸性的影响，而西方与此相应的商业革命却对西方社会产生了爆炸性的影响”（斯塔夫里阿诺斯，1999）。

② 政治上产权主体权利与政治权力抗衡机制没有形成。在资本家的视野里，政治平等权与产权垄断同等重要。没有平等的政治地位，其产权就无法自由经营，就无法排斥政治权力的侵犯，因而就不能够自由地运用产权获得经营增值，无法实现由资产向资本的飞跃。一个由资本主宰的世界，不仅要求“私有财产神圣不可侵犯”的法律地位，而且要求形成一个主宰资本的阶级，他们为资本增值所进行的所有努力，无时无刻不在同特权发生较量；他们会很快发现不能奢

望特权者的恩赐，而是要依靠自己的力量形成同政治权力的抗衡。他们既然为资本而生活，就先天地决定了与政治垄断对立的命运，就意味着他们必须有独立的主体地位，建立起资本权利主体与政治权力主体的制衡关系。历史的滑稽恰恰在这里出现，古老中国的长期发展中，经济总量曾长期领先于世界，却直到封建制度不情愿地走进坟墓，也没出现过有具有独立地位的资本家阶层的影子。在欧洲历史上，却看到了与之截然相反的景象：商人充当造反派。那里的商人也曾遇见“抑商”的抵制，“就人们在封建生活环境下能够谈论法律的程度而论，那不是闭口不谈贸易之事，就是对之抱有敌对态度”（泰格等，1996）[5]，商人们为了自己的地位与利益联合起来，展开各种形式的斗争，令人惊讶的是，商人们这种“革命派”形象早在黑暗中世纪时期的11—12世纪就已经树立起来了。后来，他们在斗争中持续地扩大自己的地盘，并为自己订立法律，“从教会和世俗两方面的王公贵权那里，强索或者骗取到种种让步，以便建立自由贸易地带”（泰格等，1996）[5]。与商人形成独立的社会阶层相适应，西方社会“私人财产权的确立提供了私人抗衡国家的有力工具，是一种支持个人安全的有力手段，能消除危及个人生存的不安。”（邓建鹏，2006）[101]独立的社会阶层与能够抗衡国家权力的私人产权经过数百年的发展，他们手中资本的利剑终于刺穿了封建恶魔的喉咙。

历史的实证极有说服力地解释了，能够牢牢锁住中国封建生产方式藩篱的经济上的根因，并不是物质财富的多寡，也并非由于现代技术革命没有在中国发生，甚至也不是单纯由所有制结构决定，而是一种权利与权力结构因素：君主专制与等级特权之下的产权残缺和与之紧密联系的产权主体缺位。正如诺思所说：“产业革命不是经济增长的原因，它不过是一种现象，即经济增长现象的一种表现形式，一个能说明问题的迹象。经济增长的起源可以远远追溯到前几个世纪所有权结构的缓慢确立过程，该结构为更好地分配社会财富的社会活动创造了条件。”（1994）[95]在分析现代意义的经济增长首先发生在荷兰和英国的原因时，诺思指出：“在这两个国家，持久的经济增长都起因于适宜所有权演进的环境，这种环境促进了从继承权完全无限制的土地所有制、自由劳动力、保护私有财产、专利法和其他对知识财产所有权的鼓励措施，直到一套旨在减少产品和资本市场缺陷的制度安排。”（1994）[90]主张经济基础对上层建筑具有终极决定作用的马克思主义理论，同时也强调制度因素对生产方式具有巨大的反作用，这种历史发展的辩证分析方法，同样能够说明制度安排、权力架构在特定社会发展阶段的决定意义。总之，关于上述问题的任何解释，都不能忽视产权与权力配置因素的巨大作用。

第六章　现行征地补偿制度的农民土地权利损失与经济效率损失

建设征地是我国农民集体土地所有权让渡的唯一形式。农民土地征收也好，征用也罢，都集中体现了农民土地产权与国家土地权力的配置关系，是家庭承包经营制度逐步走向完善之后，政府在农民土地产权上超经济强制仍然可以恣意往来的最后领地。能够比较充分地反映这种超经济强制的存在与程度的标志，是国家建设征地补偿制度。

6.1　建设征地补偿制度的超经济强制对农民土地产权的侵蚀

6.1.1　现行建设征地补偿制度的形成根源

从新中国成立初期到改革开放前，国家建设征地补偿的依据是1953年11月政务院通过、后经1957年10月修正并由全国人大常委会批准实施的《国家建设征用土地办法》。

改革开放之后，为了适应经济建设迅速发展的需要，1982年5月，国务院颁布了《国家建设征用土地条例》（以下简称《条例》），《国家建设征用土地办法》同时被废止。关于征地补偿，《条例》第九条规定："征用耕地（包括菜地）的补偿标准，为该耕地年产值的3至6倍，年产值按被征用前三年的平均年产量和国家规定的价格计算"；第十条规定："征用耕地（包括菜地）的，每一个农业人口的安置补助费标准，为该耕地的每亩年产值的二至三倍……最高不得超过其年产值的10倍。"1986年通过的《土地管理法》对有关国家建设征地补偿、安置的规定，与1982年颁布的《国家建设征用土地条例》的规定基本相同。1988年修订的《土地管理法》，将土地补偿费和安置补助费的总和提升为土地被征用前三年平均产值的20倍；1998年，《土地管理法》整体性修订，征地补偿标准进一步提高，规定补偿总和不超过土地被征用前三年平均产值的30倍，并授权国务院根据社会、经济发展水平，在特殊情况下，可以提高征用耕地的土地补偿费和安置补助费，但各地低价征地的问题仍然相当突出。

2004年修正后的《宪法》第十三条第三款规定："国家为了公共利益的需要，可以依照法律规定对公民的私有财产实行征收或者征用并给予补偿。"依据《宪法》修正案精神实行的新的征地补偿机制，将经营性建设用地和公益建设用地区分开来：一般商业建设征地由征收改为征用，只改变用途而不改变所有权，征地补偿也逐步确立了市场化的定价标准；公益性建设征地的补偿则依然由国家定价，而且没有确定"给予补偿"的定价原则到底是以市场为基础的公平补偿或者优惠补偿，还是继续计划价格的补偿。依据《宪法》修正案的精神和国务院相关规定，国土资源部制定了《关于完善征地补偿安置制度的指导意见》，要求各地制定并公布本地区征地统一年产值标准和区片综合地价，并根据经济发展定期进行调整，征地补偿依据从过去的"前三年主要农产品的平均产值或产量"转变为"统一年产值标准和区片综合地价"。

尽管随着经济发展，近20余年来，我国征地补偿费标准得到大幅度提高，但本质上仍然是国家定价，其产权制度安排缺陷集中表现在征地补偿价值低于被征地的实际价值，没有实现公平补偿：第一，在补偿标准确定依据上，规定按照被征用土地的"原用途"给予补偿，与第二、三产业相比，被征收前农业用途的产出效益明显偏低，导致补偿标准低于土地实际价值，补偿增长低于建设用地市场价格增长；第二，征地补偿价格由政府确定而非市场定价，农民作为土地产权所有人的主体地位被剥夺；第三，征地和补偿标准的确定都具有强制性，农民只能被动接受国家的事先决定。

征地补偿机制既约束国家建设用地供给，又与农民土地权益密切相关，是处理建设征地中国家与农民土地利益关系的焦点问题。在实际操作中，许多地方正是利用了制度留下的回旋空间，所确定的公益建设征地补偿标准显著低于商业建设征地补偿，大大低于被征收土地的实际价值；有的地方则屡屡发生假公益征地之名占有农民土地权益的现象，将商业性用地按照公益性补偿标准征用，然后又以市场价招标、拍卖出让，地方政府取得巨大的价格差额收益。由此引发的诸多征地补偿纠纷，直接影响农村社会稳定，间接地还会带来被征地农民失地致贫和公益征地效率低下的后果。

从产权关系的角度分析，建设征地属于产权变动，科学的征地补偿机制必须符合产权变动合法性和效率性的标准。由于2004年《宪法》修正案通过并实施后，国家建设征地制度中商业建设征地已经由征收改为征用，不改变原土地所有权，同时逐步采用市场方式确定土地征用价格，国家垄断商业建设用地一级市场的局面被打破，建设征地中超经济强制由此被突破一个巨大的缺口。但公益建设用地中地方政府运用行政权力剥夺农民土地产权的状态却依然顽强地延续。从经济关系上看，巨大的土地价格级差带来地方政府不断膨胀的利益冲动；从产权制度上看，公益建设征地中国家与被征地农民的权利与权力配置背离了土地产权保护的一般要求。可是，直至目前，学者们过多地将目光投向了对公益征地范围的划分问题，而对公益建设征地低价补偿制度在法理上的正当性及由此导致的公益建设用地经济效率损失却没有给予足够的关注。假公益建设之名侵害农民土地权益无疑是为法律正当性所排斥的，问题的焦点在于真正的公益建设征地理所当然地要以牺牲被征地农民利益为代价吗？

6.1.2　现行公益建设征地补偿机制中农民土地产权缺失的法理学分析

产权制度是经济制度集合中最基本、最重要的具体制度安排。从产权变动角度探讨现行公益建设征地补偿机制是否存在缺陷，首先要理清以下问题。

①国家征地权应当是国家土地市场控制权而不是国家对农民的土地产权的低价取得权。国家征地行为具有双重性：作为国家土地市场控制行为，属于国家经济调控职能（也被称为国家警察权），具有公的规制性，因而是强制的，公民不能拒绝；但作为国家从公民手中取得财产的行为，属于财产取得，即产权变动。征地这种财产取得方式以公民拥有土地的合法产权为前提，不属于违法财产的没收，不是针对全体公民强制调节国民收入的行为，因而也不同于国家征税；既不能强制，也不能无偿。国家征地权并不是一种超经济权力，“市场经济对于财产权利制度的产权首要要求，便是要求作为市场交易运动内容的产权必须是单纯或纯粹经济性质的权利，必须是可交易的法权，而不能是超经济性质的特权”（刘伟等，1998）[100]。“物权作为调整人们在商品交换中对于物的支配关系的法律制度，乃是商品经济的一般要求在法律上的体现”（钱明星，1994）[21]。现代法制国家对因公益使用私产有严格的条件限制并明确规定了补偿要求，如1789年法国《人权宣言》明确指出：“财产是神圣不可侵犯的权利，除非当合法认定的公共需要所显然必需时，且在公平而预先赔偿的条件下，任何人的财产不得受到剥夺”（第17条）；1919年德国魏玛《宪法》规定：“所有权，受宪法之保障，其内容和限制，以法律规定之。公用征收，仅限于有益于公共福利及有法律根据时，始得行之。公用征收，除联邦法律有特别规定外，应予相当赔偿”（第153条）。“公平而预先赔偿”“相当赔偿”所共同体现的精神都是公平补偿。行政机关为公益目的征收农民土地时，国家赋予它公共利益代表者的资格，以权力主体的身份行使公共管理权力，在这种土地公共权力与土地产权的关系中，尽管应当恪守公

共权力优先的原则，但并不意味被征地的农民集体只是被动地接受地权变动，公共权力是征地的理由而绝非剥夺农民集体合法土地权利的理由。因此，“因公益用地而征地所具有的行政强制性，只能止于征不征、征多少及在何时何处征，而不能在补偿上也采用强制”（王春平，2005）。单就国家征地作为一种国家取得财产的方式而言，应当遵循产权交易一般原则，实行等价交换，给予农民以公平补偿。目前许多地方所暴露出的依靠国家权力以低于正常价格强制征地的问题，实质是将征地行为中的国家行使土地市场控制权与国家取得土地财产的产权交易行为相互混淆，既损害了作为农村土地产权交易对方的农民的主体权利，又由于低价征地埋下了地方政府与农民利益纷争的祸根。

② 承担土地公益职能的义务主体应当是国家而不是被征地的农民。近些年来，“公益”成了一些地方政府廉价取得农民土地的冠冕堂皇的理由，似乎被征地农民理应为公共利益做出牺牲。从法理上说，“公益”征地不是国家享受低于市场价格的理由。一方面，承担公益职能的是国家而不是被征地农民，作为行使公共权力的组织，向社会提供包括公益建设用地在内的公共产品是国家的天然义务。我国《宪法》将土地的社会主义公有制划分为国家所有和农民集体所有，承认土地的这两种产权归属在地位、功能等方面的差别，就意味着作为所有者的农民集体对土地产权的特殊利益即集体产权相对于国家和其他主体也是私人产权，集体土地只能承担集体组织内部的公益职能而不是国家公益，将国家承担的公共产品供给职能直接转嫁给被征地农民是对公益职能主体认识的错位。另一方面，国家行使公益职能以公民和社会组织承担国家义务为基础，但公民承担国家义务的形式和途径是法定的并且以全体公民为义务主体，如《宪法》规定的公民依法纳税的义务、依法服兵役的义务等，剥夺少数被征地农民的合法土地权益，以满足其他所有公民的利益，于法理上也无法解释。

③ 公益征地补偿价格应当高于而不是低于市场价格。既然农民不是公益用地的义务主体，没有理由让农民为公益建设用地承担费用，征地时就起码应当允许农民获得与商业征地同样土地补偿价格，认为公益征地补偿就应当低于商业建设征地补偿有悖于价值补偿原则。不仅如此，按照市场经济国家的通常做法，即使在补偿数额上作出具有统一性的硬性规定，仍大多以充分的甚至优惠的补偿为原则。这是因为在公共利益大于私人利益的一般假设下，土地的公益使用比私人使用（即商业使用）会创造更大的社会价值，征地补偿的实质是土地价值补偿，根据公平原则，大的社会价值理所当然要获得较多的社会回报。并且，公益征地毕竟带有某种强制性，作为农村土地所有者的农民自主安排土地产权的权利因此而受到限制，作为补偿，给予被征地农民以超过市场价格的优惠价格，还会大大

减少由于农民抵制情绪带来的征地成本。在农村土地由于市场生产方式发展而取得“纯粹经济的形式”之后，土地财富与货币等其他物质财富并没有本质区别，都作为生产要素出现在市场上。失地绝非导致农民贫困的根本原因，在市场经济下，土地产权作为农民的经营资本，如果能够实现公平补偿，甚至优惠补偿，被征地人在土地产权变动中得到与失去土地相等的乃至更大的替代产权或者产权价值，失地农民就不会因此而致贫，公益建设征地也就建立了良性运行机制。

上述分析表明：公益建设征地作为国家取得公益产品的特殊行为，是国家行使宏观调控权的重要形式，被征地农民有义务服从；但公益建设征地补偿数额的确定，则应当遵循一般商品交换的公平原则，给予被征地农民以市场价格甚至超市场价格的优惠补偿。

6.2　现行公益建设征地补偿机制效率损失的经济学分析

理查德·波斯纳认为：“公平赔偿规定的一个最简单的经济学解释是，它能预防政府过度使用占有权。如果不存在公平赔偿规定，政府早已积极地用土地替代对社会更便宜但对政府成本较高的其他投入了。”（1997）从经济效率层面分析，现行公益征地补偿机制缺陷的直接经济后果是造成农村土地资源浪费和农民土地利益的流失。

① 低价征地补偿造成土地资源浪费。低价征地补偿降低了土地资源配置效率。政府对包括土地在内的公共物品的投入同样遵循最大化原则。假设政府公共物品投入只包括资本和土地两个要素的组合，那么，以低水平的公益征地补偿费取得土地就可能造成土地利用的低效率，从而带来土地资源浪费（见图6–1）。

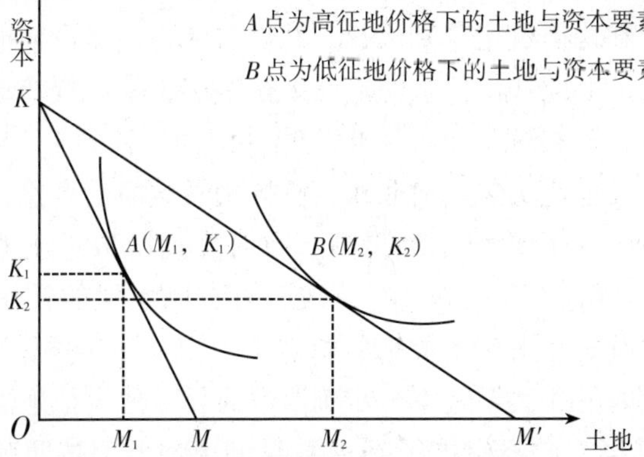

图6–1　不同征地补偿价格下公益建设资本与土地投入组合

图6–1显示了征地价格相对变动后，公益建设资本与土地最优组合的变动。当公益征地价格较高的时候，土地与资本的最优组合为*A*点，此时的土地投入量为M_1，资本投入量为K_1，可以实现较高程度的土地集约利用；但当公益征地价格较低时，土地与资本的最优组合为*B*点，此时土地投入量为M_2，资本投入量为K_2。资本被土地替代，导致公益建设中土地的粗放型利用。

② 低价征地补偿造成的农民土地权益流失。政府基于土地征用成本和收益的考虑，天然具有滥用征地权的嗜好。公益建设征地补偿价格低于市场价格的直接后果，就是农民土地权益的流失，同时也刺激了政府的公益建设用地需求。

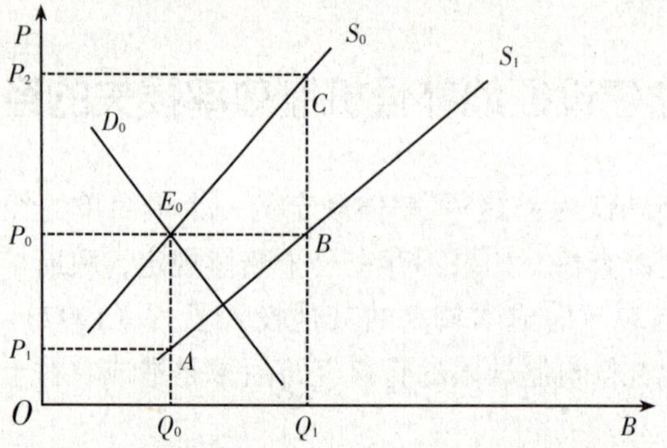

图6–2　公益建设低价征地下农民土地权益的流失

如图6–2显示，设S_0为市场机制下农民公益建设土地供给曲线，S_1为土地征用机制下农民公益建设土地征用供给曲线；D_0为市场机制下政府公益建设征用土地的需求曲线。

在公益建设用地需求为Q_0时，市场机制下农地的供给与需求曲线的均衡点为E_0，此时的均衡数量和均衡价格分别为Q_0、P_0。实施公益建设征地政策下，政府强制将征地价格压低，征地补偿价格的上涨总是低于土地产权变动市场价格的增幅，即在政府硬性补偿价格规定下，土地供给曲线由S_0移到S_1。S_1表示在政府强制性下的农民公益建设土地实际供给曲线，它体现着政府的意愿，总体的趋势是随着征地数量的扩大，补偿价格不断提高，政府得到Q_0数量土地，实际补偿给农民的价格仅为P_1。可以看出，$P_1 > P_0$，政府对农民土地的补偿低于市场价格，造成农民土地权益流失，图6–2中表现为矩形$P_0P_1A\ E_0$的面积。

低价征地补偿造成的另一后果是进一步刺激政府公益建设征地需求。在P_0价格下，按照市场均衡补偿，政府只能征到Q_0数量的土地，但按照政府定价，此时为政府实际公益建设征地Q_1的补偿价格，政府公益建设用地成本随之降低，后果是同样的公益建设投入，所需的建设用地却增加了，这就是近几年各地普遍出现公益建设土地不景气现象的根因。另一方面，供给Q_1数量的土地农民意愿接受的市场价格为P_2，实际补偿价格P_0低于农民的意愿价格，同样也造成农民土地权益流失，图6-2中表现为矩形P_2P_0BC的面积。而且正如图6-2中显示，征地越多，农民土地利益流失越严重。

人多地少和工业化进程对建设用地的大量需求，是我国建设征地制度必须面对的两个基本约束条件。与之适应的建设征地补偿制度应当同时满足激励建设用地集约利用和抑制政府征地偏好的要求。

表6-1　　1999—2006年中国耕地数量变化情况

年　份	耕地总面积 /($×10^4hm^2$)	总占用耕地 /($×10^4hm^2$)	建设占用 /($×10^4hm^2$)	生态退耕 /($×10^4hm^2$)	结构调整 /($×10^4hm^2$)	灾害毁地 /($×10^4hm^2$)
1999	12,921	84.20	20.50	39.50	10.70	13.50
2000	12,823	156.60	16.30	76.30	57.80	6.20
2001	12,762	83.10	16.40	59.10	4.50	3.06
2002	12,593	202.74	19.63	142.55	34.90	5.64
2003	12,339	270.00	8.13	223.70	33.13	5.04
2004	12,224	114.60	14.51	73.29	20.47	6.33
2005	12,208	59.49	13.87	39.04	1.23	5.35
2006	12,177	67.40	25.90	33.90	4.00	3.60

资料来源：根据1999—2006年中国国土资源公报数据整理。

表6-2　　1999—2006年中国耕地、人口与粮食产量变化情况

年　份	耕地面积 /($×10^4hm^2$)	播种面积 /($×10^4hm^2$)	粮食总产量 /($×10^4t$)	粮食单产 /(kg/hm^2)	人口总数/万人
1999	12,921	11,316	50,539	4,466	125,786
2000	12,823	10,846	46,218	4,261	126,743
2001	12,762	10,608	45,264	4,267	127,627
2002	12,593	10,889	45,706	4,399	128,453
2003	12,339	9,941	43,067	4,322	129,227
2004	12,224	10,161	46,947.2	4,621	129,988
2005	12,208	10,427	48,402.4	4,642	13,0756
2006	12,177	10,538	49,174.6	4,664	13,1448

资料来源：根据《2007年中国统计年鉴》及2006年中国统计公报数据整理。

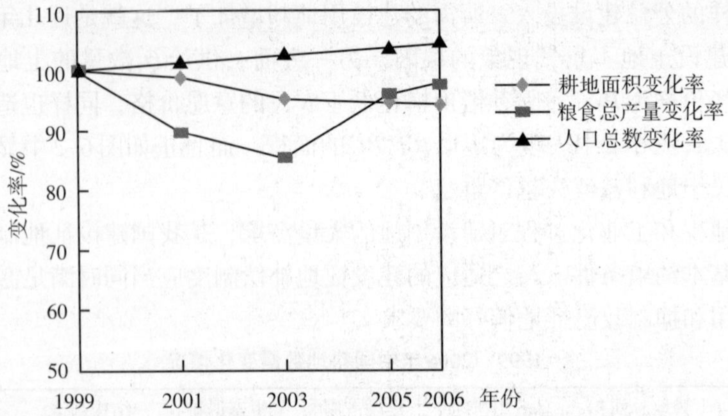

图6-3　1999—2006年中国耕地、人口与粮食产量变化情况

表6-1列出了1999—2006年我国耕地数量的动态变化情况。数据结果表明，1999—2006年，全国耕地面积减少744万公顷（1.116亿亩），平均每年减少93万公顷（1395万亩）。并且，上述数字不包括各地隐瞒不报的建设占地，如2005年就查出地方建而未报的建设占地7.34万公顷（110万亩）。从年份建设占地结构来看，尽管自2003年国家整顿各地“圈地潮”以来，在一定程度上遏制了建设占地增长的势头，但2006年又有强力反弹。这一阶段全国耕地数量的快速减少，使得1998年修订的《土地管理法》规定的占补平衡的目标已经基本落空，说明在目前政府建设征地角色定位和传统经济增长方式的双重挤压下，建设占地需求与供给的经济均衡也就是可持续发展机制难以实现。

我国用占世界7%的耕地养活占全球22%的人口，人地关系相当紧张，表6-2表明，1999—2006年，在耕地净减少744万公顷的同时，人口增加5662万人，而粮食单产的增长却不能有效地弥补这一增一减带来的不平衡，9年间粮食单产只增加198kg/hm^2，使得人地关系矛盾更加突出。在未来二三十年内人口继续增长与工业化、城市化发展进程加快的刚性约束下，保护耕地已经不仅仅是保护农民权益的问题，它直接关系到粮食安全和宏观经济平衡。

6.3　“涨价归公”与“涨价归农”之辩：关于建设征地增值分配的讨论

6.3.1　关于建设征地导致地价上涨部分归属的不同观点

在讨论建设征地补偿价格的“公平”与“优惠”时，必然涉及由于征地直接导致土地由农用地转为建设用地而带来的增值收益，即所谓“涨价”归谁享有问题。作为农村土地产权问题的一大热点，近年来讨论的主要观点集中在以下3个方面。

①“涨价归公”。这是长期以来国内居于统治地位的观点。美国空想社会主义者乔治·亨利认为，土地从农业转为工业和城市用途而引起的市值上升，是社会因素使然，土地所有者并无贡献，如果地主从地价增值中获利，是不公平的。因此，这部分收入应当由社会共同占有。国父孙中山受此影响，在“平均地权”革命纲领下，主张土地涨价归公。周诚教授最初也认为：“土地农转非之后的自然增值——辐射性增值，完全来源于整个社会的经济发展。从而，体现此种增长的地价增长，从原则上来说，应当归社会所有而不应当归原农地所有者所有，也不应当归农转非之后的土地使用者所有，否则，皆有失于公平合理。”（2006a）此外，土地法专家沈守愚在《土地法学通论》一书中认为：“农地发展权必须属于国家，其基本含义是保障农地的生物生产，促进土地的可持续发展利用。”（2002）

②“涨价归农”。这是迄今为止并不多见但观点鲜明的反对声音。周其仁认为，主张“涨价归公”背后的经济学是错的，根源在于它错误地“认为世间各种资源的市值是由其成本决定的”，指出“权利本身有价”，“因为农地主人对土地增值有一项重要贡献，那就是‘放弃’农地的使用权。……农地的主人本来可以通过使用农地而获得收入，要他放弃使用，他就没有了那笔收入。因此，‘由自己使用农地的所得’，就构成了放弃使用权的代价”（2001）。郑振源也主张征用农地应秉持“涨价归农”原则（2006）。

③“私公兼顾论”。这是近年来呼声越来越高的一种主张。如周诚教授在上述“涨价归公”观点发表不久，就作出修正，认为“‘涨价归农’与‘涨价归公’针锋相对地处于两个极端。两者都具有片面性”；主张贯彻“私公兼顾”论、“全面开发权”论，“优先充分补偿、安置失地农民，使其进入‘小康’，无任何后顾之忧；剩余归公（归中央政府，避免地方政府以地生财），用于支持全国农村”（周诚，2006b）；再如朱启臻主张“涨价分享”，认为“涨价归公”不能保障农民的利益，“涨价归私”则会使土地所有者占有全体社会成员的贡献；“土地发展权的收益来自于全体社会成员为社会进步所做的贡献，理应由全体社会成员共享”（朱启臻，2006）；黄祖辉则从建设征地及分区控制对农民土地发展权限制的视角出发，认为“非公益利益性质的征地行为无偿剥夺农民的土地发展权是毫无道理的”（2002），尽管这里避开了公益性建设征地补偿问题，但公益建设征地上同样存在农民发展权问题是不争的客观事实。

6.3.2 以上观点的简要评述

① 从结论的角度考察，学者们各有主张，甚至观点尖锐对立，但出发点都是社会公平，在对“涨价”来源与去向进行深入的产权分析基础上作出评判，其观点成否可任由评说，但他们分析过程之严谨却无可置疑，其依据产权原理展开探讨的思路也为笔者开辟了走向理想彼岸的途径。

② 学者们从土地产权的共同起点出发，却各趋殊途，在于对土地产权持不同认识。关于这一问题，必须澄清以下诸点。

第一，农民土地产权是否包含经营权？此问一出，看似幼稚之至，然则从产权的垄断性出发，农民对自己的土地产权，有经营农业的权利，也享有经营工商业的权利，经营就意味积累和增长。当其土地被允许由“农转非”的时候，也断无他人经营得而产权人经营不得的道理，让予他人经营自然属于一种权利交换，按照公平交易原则，“涨价归农”理所当然。换句话说，即土地产权本身就是“涨价”的根源，是更大的土地经营获利能力带来了土地价格增长。这与周其仁“权利本身有价”的主张是一致的，只是应当将“使用权”进一步明确为资本经营权。主张“涨价归公”的要害在于只把土地看成静态的财产，而没有看到土地产权的动态性——它是农民的资本权，而对于农民，不能成长为资本权的土地产权就不属于市场经济要求的经典意义的产权！就此点来说，征地在农民那里本来就不应当分为商业建设征地或者公益建设征地，农民的身份就是土地资本的经营者，没有什么理由能够让他们充当公益人。

第二，“社会因素”与“辐射性增值”是否构成参与“涨价”分配的理由？土地产权随着社会经济发展，尤其是城市化过程快速增值，这里的确包含区位差别带来的级差地租，“这种自然力的占有，在它的占有者手中形成一种垄断，成为所投资本有较高生产力的条件，这种条件是不能由资本本身的生产过程创造的”（中央编译局，2009b）[727]。既然级差地租不是资本本身创造的，将其直接交给社会似乎最为公平。但是这种解释恰恰与产权原则背道：首先，马克思分析级差地租不合理性的目的是说明土地的资本主义私人占有的不合理性，同时也从另一个侧面向人们揭示了存在土地私人占有就必然存在级差地租的道理。我们的土地产权制度创新承认农民私人土地产权的正当性，这里却要否认作为其连带成分的级差地租的正当性，照此办理，绝对地租也是不能要的，因为它与级差地租并无本质区别，这就无异于反过来取消农民土地产权。我们已经允许众多地产商人依靠级差地租爆发式地增值资本，却又在作为产权人的农民小土地资本上盘算如何分配可怜的“增值”，岂非在否认产权之间、产权主体之间的平等地位？我国

《物权法》第三条第三款明确规定："国家实行社会主义市场经济，保障一切市场主体的平等法律地位和发展权利。"这里主体的平等地位和发展权利当然包括农民。其次，这种级差地租收入与基于区域、行业等差别带来的收入差距存在许多共性，以社会公平为目的的收入分配调节机制主要应当是规范的税收手段，"涨价归公"实质上已经成为某些地方政府经营土地的方式，因而导致的结果往往是剥夺多于公平。

第三，农民土地"农转非"涨价中包含政府投入的因素应当如何分配？这部分增值本来就不属于所谓"土地发展权"的范畴，也与"辐射性增值"存在区别。产权的要义之一就是边界清晰，这部分增值本来就是政府投入带来的，当然属于社会享有。

第四，如何理解征地补偿中的"公私兼顾论"？按照上述"涨价"构成因素，包括3个方面：土地资本增值、级差地租和公共投入。依据产权交易的本性，这里的"私"就是前两者；这里的"公"就是最后者。按照产权决定分配的原则，"公私兼顾"的实质是谁的产权转移收益归谁。若坚持要用农民土地产权转换收益承担"公私兼顾"职能，则对解构征地补偿困局没有任何实际意义。

以上分析可以看作对本章前述公平补偿原则的注解。

第七章 土地发展权归属与征地补偿制度创新

7.1 土地发展权的定义

有学者认为，征地补偿纠纷的本质是各方对土地增值收益的博弈。因为农村土地被征收后转变成城市建设用地，其市场价格立即数十数百倍上涨，巨大的土地增值收益开辟了各方争夺的空间。那么，土地增值收益到底应当如何进行合理的分配？利益分配在法律上往往表现为权利配置，土地增值收益的分配在法律规则上落实为征地补偿标准，在法律理论上则关涉土地发展权的配置。土地发展权，即发展土地的权利，这种权利到底应当属于谁？在国家、土地所有权人或其他社会群体之间，应当如何进行合理的初始配置？我国立法虽然还没有明确规定土地发展权，但学者们比较一致的观点是，土地发展权是一项可以与土地所有权分离而单独处分的财产权（物权）。如梁慧星认为："土地发展权是一种可与土地所有权分离的独立财产权"。江平认为，从我国的国情出发，土地发展权应定位于农地发展权。柴强认为，土地发展权的基本观念，是发展土地的权利，是一种可与土地所有权分割而单独处分的财产权（1993）。胡兰玲认为，发展权不仅是一种物权，而且是一种与所有权具有相同效力和权能的物权，它可与土地所有权相分离而单独使用和处分（2002）。李世平认为，土地发展权是将土地变更为不同使用性质的权利，它既可以与土地所有权合为一体，由土地所有者支配，也可以由只拥有土地发展权而不拥有土地所有权者支配（2002）。土地发展权作为一项独立的不动产权利形态，其客体却并非独立的物，而是土地开发利用所产生的权能。基于以上观点，可以得出以下结论。

第一，土地发展权产生于社会经济发展，主要表现为对土地由低价值的农业使用改为高价值的建设使用的权利及由此产生的土地增值收益所享有的权利，这一点是土地发展权形成的本质。

第二，土地发展权属于物权的范畴，可以与所有权分离单独行使，但是否与所有权具有相同效力和权能，研究者并未给予足够的关注。

第三，与土地发展权关联的土地增值收益分配问题，也就是土地发展权到底是配置给国家，还是配置给土地财产权利人，直接影响到建设征地制度和征地补偿制度，因此，是征地补偿问题研究所不能回避的问题。

7.2 土地发展权的属性探讨

7.2.1 土地发展权的社会属性

土地增值包括自力增值和外力增值。土地权利人改善土地的物理、化学、地质性状，改善基础设施，增加附属物，由此带来的土地增值属于自力增值。自力增值的成果，因土地权利人投资投劳获得，当然应当由他们享有。土地的外力增值则是非因土地权利人直接投资投劳而获得的增值，它通常是由于社会性投资产生的外部性后果。社会性投资包括交通、通讯、环保、能源等基础设施的建设，商场、银行、工厂等工商业投资的发展，医院、学校等公共事业设施的健全。土地用途改变带来的增值也属于外力增值。土地的外力增值基本上是国家、政府、公私单位长期投资积累的成果，是社会大众共同努力的结果，而与土地权利人的努力关系甚微。外力增值对于农业生产的作用通常微不足道，也就是说，农业用地的外力增值空间很小。

我国城郊农村的土地增值主要是外力增值。城郊农村的土地作为耕地时，社会性投资的作用微不足道，对土地价格的影响极其微弱。只有当土地被征收改变用途之后，社会性投资的作用凸显，土地才有了巨大的升值空间。这种升值属于外力增值，其投资来源于整个社会，因此，增值应当归全社会所有，而不应当由原土地权利人独占，如此方符合“谁投资谁收益”原则。目前，一些地方立法界定了户外广告发布权，并将其划定归属于政府，其理论依据即与此类似的“谁投资谁收益”原则：户外广告效应源于城市巨大的车流、人流，正是由于政府在道路、公园、体育场馆等基础设施的建设和维护上投入了大量的前期成本，才有了现代城市车水马龙的繁荣场面，从而为广告效应和广告价值的产生提供了基础。

随着中国城市化的快速发展，越来越多的农地被征收进入城市规划区，由此产生巨大的土地发展增益。在一般意义上，影响土地发展增益的因素非常广泛：从影响性质上看，包括投资因素、供求因素、用途因素、收益因素和土地本身因素；从影响空间上看，包括一般因素（政治状况、治安状况、人口与家庭状况、社会风尚、经济形势、城镇建设状况、不动产投资投机状况、收入水平、物价水平、利率、城市规划、土地供应政策、土地出让方式、住宅政策、税收政策等)、区域因素（地区差异、功能分区)、个别因素（土地本身、自然与生态环境、基础设施、规划制约等)；从影响时间上看，包括持久性因素、可变性因素。

在当前实践中，具体地块的土地发展增益主要受两大方面要素的影响：一是土地的位置，它主要与国家发展战略、城市规划两大要素相关；二是非农用地的供求关系，它同时受供应量和需求量的影响，主要与非农用地供应政策、城市化速度两大要素相关。

① 国家发展战略。国家发展战略规划优先发展的地区，城市发展速度越快，纳入城市规划区的农地面积就越大，能够分享到发展增益的农地就越多。改革开放以来，国家优先发展的东部沿海地区，尤其是“长三角”“珠三角”地区，相当多的农地已经被开发，并得到了较多的发展增益。现在，国家又将中西部一些城市和区域纳入重点发展试验区，如武汉“1+8”城市圈、湖南长株潭城市群等。这些试验区内的农地会比其他区域更多更快地被纳入城市规划区，可以更多更快地获得发展增益。

② 城市规划。在城市规划的功能分区原则下，非农用地可以分享土地发展增益，而农业用地不能，用于不同非农用途的土地可以分享的发展增益也不相同。同样，在城市周边，规划的重点发展区域比其他区域更多更快地被开发使用，也会更多更快地得到土地发展增益。有时，土地发展增益甚至完全由城市规划决定。比如，汶川地震后，新北川县城规划区内的土地获得发展增益，就完全因为新县城的规划重建。由于土地位置具有不可移动性，在特定的城市规划下，不同地块可能获得的发展增益在实践中是不等的。

③ 非农用地供应政策。第二、三产业的发展需要非农用地供应，从政策上讲，非农用地供应量是可变的，获准入市的土地增多，单位面积的土地可以获得的发展增益就会降低。若非农用地的供应少于需求，则入市地块就可以获得更多的发展增益；若非农用地供给充分，则入市地块的发展利益相对较少；非农用地可以无限度地供应，土地发展增益也许不会高于农业种植收益。但是，过多土地非农使用会带来不必要的浪费，故土地资源紧缺的中国有必要实行最严格的耕地保护政策。土地用途管制是现代国家的通则，这大概由于土地资源不可再生，一旦用于农业的土地不够，粮食安全就不能有所保障，就可能发生饥荒。国家实行土地用途管制，严控农地转化为非农用地，这决定了投入非农使用的特定地块可以产生巨大的发展增益。

④ 城市化速度。非农用地需求不可能无限度地增长，目前，中国的非农用地需求主要取决于城市化的速度。如果城市化速度不够快，非农用地需求量就不

会大，地价就不会高，土地发展增益也就不会高；相反，城市化速度越快，需要纳入城市规划区的农地就越多，就有更多的农地变成非农用地，从而分享发展增益。由于土地发展增益与城市化速度相关，即使放弃土地用途管制政策，也并非所有农地都可以获取高额的发展增益。

在上述4个因素的共同作用下，只有处在特定位置的土地非农使用，才可能产生较高的发展增益。从本质上来说，土地发展增益源于社会发展，是社会大众共同努力的成果，却因诸多因素的共同影响而聚集于个别地块之上。认为土地只要非农使用就可以产生发展增益的想法，显然缺乏对实践的全局性理解。忽视土地发展增益的影响因素，很难认清土地发展增益的来源，可能提出错误的理论和制度意见。如果国家占有土地发展增益，同时存在让全民受益的具体制度安排，应该可以实现土地发展增益全社会共享。在这个意义上，土地发展权国有模式具有合理性基础。当然，这既不表明中国目前的制度模式完全合理，也不必然表明土地发展权国有就是唯一合理的制度模式。

7.2.2　土地发展权的法律属性

配置权利是为了保障利益，土地发展权是土地发展增益分配格局的法律保障。由于土地发展增益来源于全社会的共同努力，因此，土地发展权的制度初衷应当是实现土地发展增益的社会共享。如果土地发展增益来源于土地所有权，那么将其完全分配给土地所有权人就是合理的，但事实并非如此。土地发展权不太可能是土地所有权的派生权利，这可以从法律理论上得以印证。

土地发展权派生论的立论基础是“所有权绝对”的观念。“所有权绝对”观念认为，土地是具有三维空间之物，地表上下能满足权利人需要的一定空间都是土地权利人的当然支配范围。古代罗马法有“土地所有权及于土地之上下”的谚语，后来注释法学家将其绝对化，解释为土地所有权“上达天空、下及地心”。1804年《法国民法典》贯彻了“所有权绝对”观念：“所有权是对于物有绝对无限制的使用、收益及处分的权利”（第544条），“土地所有权包含该地上及地下的所有权”（第552条）。“所有权绝对”意味着，土地的纵向范围不受限制，可以延伸至地上及地下无限的空间；权利人对土地上下空间的支配权，可以包含在土地所有权或使用权之中，也可以分离出来作为独立的物权。基于此，农民（农村集体）应当拥有完整的土地所有权，包括占有、使用、收益、处分等权能。其中，土地的使用和收益，包括直接使用收益（如种植作物、养殖鱼类）和间接使用收益（如保持水土、保护环境等），选择性使用收益（即权利人可以选择未来使用收益）和存在性使用收益（如特定的自然资源的保留即可以获取收益）。

依据上述观念，土地发展权被认为是从土地所有权中分离出来的一种物权，是通过土地利用的纵深扩展或用途变更来谋取更大发展增益的权利，它是土地所有权的派生权利。因此，土地所有权人理所当然地拥有土地发展权。这意味着，农地无论以何种方式转变为非农用地，原所有权人都应当获取全部增值收益，只有这样，才称得上“农民的土地产权完整”。

然而，即使不论土地发展增益的来源，上述思路的理论说服力也非常有限。20世纪以来，所有权应当受到限制逐渐成为社会共识，并为各国立法所接受。在各国民法中，土地所有权都不是绝对的，而是受到了明确的限制。这一点首先体现在相邻关系中。我国《物权法》第八十六条至第九十二条体现了对所有权的限制。根据这些条文，土地所有权因相邻权利人用水、排水、通行等受到限制，因相邻权利人建造、修缮建筑物及铺设电线、电缆、水管、暖气和燃气管线等而负有必要的义务，因相邻权利人的通风、采光、环境安全、不动产安全等而负有必要的义务。

土地所有权不仅受到私法的限制，还普遍受到公法的限制。在日本，土地所有权至少受到《土地征收法》《都市计划法》《都市再开发法》《国土使用计划法》《自然公园法》《自然环境保护法》《都市绿地保全法》《消防法》《道路法》《航空法》《电波法》《下水道法》《河川法》《森林法》《渔业法》《矿业法》《采石法》等的限制。在德国，土地所有权至少受到《建筑治安法》《建设规划法》《跨地区规划法》《州规划法》《自然保护法》《文物保护法》《长途公路干线法》《航空运输法》等的限制。在美国，土地财产权至少受到水权、公共信托、航空、分区规划等方面的判例和成文法的限制。同样，在我国，土地所有权也受到若干公法的限制，至少包括《土地管理法》《环境保护法》《耕地保护法》《航空法》《渔业法》《矿产资源法》《森林法》《文物保护法》《防洪法》等。

在公法和私法都对土地所有权作出广泛限制的今天，依据“所有权绝对”的观念，认为土地发展权派生于土地所有权，主张土地所有权人应当得到土地发展增益的全部，这在法律理论上缺乏足够的说服力。

不过，土地发展权的实现毕竟需要高度依赖土地所有权，需要依赖土地上下空间，因此，会牵涉地上权（建设用地使用权）、空间权，而地上权、空间权被认为土地所有权的派生权利，它们都是设定在土地所有权上的用益物权。随着人类活动范围的扩大，空间逐渐成为稀缺资源，“空间权”的法律规范也随之产生，它们对空间进行立体分割利用。德国和我国台湾地区都建立了空间权制度（施蒂尔纳，2004）。我国《物权法》第一百三十六条规定：“建设用地使用权可以在土地的地表、地上或者地下分别设立。”据此，土地发展权的实现，似乎是建设用地使用权、空间权的应有之意。不过，这是一种误解。土地发展权不仅涉及私法上的关系，还涉及公法中的土地规划、用途管制等。土地建设、使用和空间分割的前提是权利人享有土地发展权，若公法对土地开发有所限制，土地建设、使用和空间分割就并不具合法性。例如，根据《耕地保护法》《土地管理法》和某市建设规划，基本农田保护区内的某地块不能用于非农建设，其建设用地使用权、空间权就不可能设立。所以，建设用地使用权、空间权设立的前提是权利人享有土地发展权。可以说，土地发展权构成对所有权、使用权、地上权、空间权等物权的限制。

公法中的土地规划、分区、用途管制等权力，在性质上属于国家管制权，隶属于国家主权。管制权是国家为了促进和维护公众的健康、安全、道德与一般福利而扩大立法范围直至对个人进行干预的权力。它是现代社会健康发展所不可缺少的，构成立法保护公共卫生、公共道德、公共安全和整体福利的内在权力基础。土地规划、分区控制、用途管制、地方建筑准则、建筑从业许可等，都是国家在土地利用方面行使管制权的体现。管制权的实施不会给国家带来赔偿土地所有人价值损失的义务。早在1926年，美国联邦最高法院在尤科里德村诉漫步者地产公司一案中，就稳固地确立了国家管制权行使的合理性。萨瑟兰大法官在撰写多数意见时，强调人口增长和城市化产生的各种新问题，指出现代的环境使得过去认为无理、苛刻而被否定的管理规定变得有其存在的正当性。他还指出，政府对土地分区规划的权力来源于管制权，把工业用途从居住用途中分开的条例，可以保护住宅不受噪声、烟尘、异味及其他类似侵犯物的干扰。

土地发展权产生于国家管制权对土地开发利用的限制。土地利用若不受限制，就无需所谓土地发展权。古代的土地利用就自由而不受限制，到了近现代，基于对土地开发利用进行管制的需要，产生了土地发展权的观念和制度。近现代以来，经济社会快速发展，由此产生了历史古迹保护、环境保护、城市开敞空间、粮食安全、土地利益均衡等多方面的需求，进而产生了土地分区规划和用途管制的需要。经济社会发展导致城市规模不断扩展、建筑密度不断提高，一些区域的土地可以通过变更用途或提高利用度来获取高额增值收益。由于农业用地的收益远远不如非农用地，因此土地所有人有足够动力将土地改作非农用途。在经济利益刺激下，人们有可能主动破坏历史古迹和自然风景，而建造更有经济利益的建筑设施。随着建筑物不断增多，城市中心日益拥堵，这导致人们对开敞空间的需求不断增长。因此，除非基本农田、历史古迹、自然风景区、城市开敞空间等能得到法律的优先保护，它们因土地发展增益刺激而被破坏的风险才会降低。

然而，土地规划和用途管制会限制某些土地的发展（非农利用或高强度利用），限制所有权人对土地发展增益的分享，这样反过来也增加了另一些土地（可以是非农利用或高强度利用的土地）所能分享的发展增益。具体地块能否分享及可以分享多少发展增益，与土地的自然属性无关，而与政府管制行为密切相关，政府的管制可以使社会发展的成果刚好集中在特定地块。土地发展权的制度初衷，就是政府为了贯彻土地利用规划，而对土地发展增益分配进行干预，以平衡并重构土地利益结构。如果赋予城郊农村土地无限制的发展权，就违背了土地发展权的制度初衷，它会使土地分区规划、用途管制所造成的土地利益落差缺乏平衡补救机制。因此，土地发展权与国家管制权的“限制”相伴而生，它力图平衡和解决土地发展增益的分配，以促进土地资源的有效利用，最终达到保护历史古迹、环境、城市开敞空间、粮食安全等目的。

中国在土地利用方面行使国家管制权，包括规定土地用途、编制用地规划、进行开发管理控制等多方面。我国城市土地归国家所有，农村土地归村集体所有。城市土地经审批后，可以开发建设；而农村土地要开发用于非农建设，需要先进行征收，转变为国有建设用地。国家垄断了土地开发一级市场，政府或其授权委托的企业，对农村集体土地进行统一的征收、拆迁、安置、补偿，并进行适当的市政配套设施建设，然后在土地二级市场上进行有偿出让或转让。在土地二级市场中获得土地使用权的主体，要进行非农建设，还需要城市规划部门核发“一书两证”（建设项目选址意见书、建设用地规划许可证、建设工程规划许可证）。

在国家管制权的作用下，我国法律虽然未言明土地发展权，却近乎采取了土地发展权国有模式。这至少意味着，农村集体土地的发展权与土地所有权是分离的。英国、美国等西方国家则明确规定，土地发展权可以与土地所有权分离，土地发展增益的独立性得到了普遍承认。英国、美国及我国的法律制度都不认为：土地发展权是土地所有权的派生权利，土地所有权人应当享有土地发展增益。也就是说，土地发展权是一项独立于土地所有权的权利（利益）。随着法学理论和司法实践的发展，特定的利益上升为权利的现象不断增多，且不断被法律规范认可。我国法律明确以土地发展权的形式调整土地发展增益可能是大势所趋。

7.3 英美土地发展权制度及其借鉴

7.3.1 英国的土地发展权国有制度

土地发展权的观念和制度始于英国。英国最早构想对从规划控制中得益的土地所有人收取改善金，以对受损失的土地所有人进行补偿。1662年法案首次将此构想付诸现实，它授权向伦敦街道拓宽后地产得到“改善”的所有人征收一笔资金。相似的规定也见于伦敦大火后的重建法案。1909年和1932年的规划法修改并拓宽了这一原则，允许地方规划当局对因规划方案实施而引起地产的任何增值征收改善金，税率从起初的50%上升到后来的75%。不过，这些规定在实践中几乎没有实效，因为很难确定地产增值在多大程度上是规划方案的结果，以及多大程度上归因于其他因素。1942年，国会成立的厄思沃特委员会注意到，只有3个在规划法责令下支付了改善金的案例。在此背景下，厄思沃特委员会认为，必须改革土地所有制，并声称如果“私有”制继续存在，任何一种新的评估补偿金或改善金都不能满足需要，因为“私有”体系具有内在的“引起私人和公共利益冲突，并阻止规划机制良好运作”的特性，需要一种新的避免矛盾的体系来统一现有的土地发展权，它“在所有制不变的情况下，能够实现土地的价值转移”。厄思沃特委员会建议把未开发土地的发展权国有化。

1947年英国《城乡规划法》设立了土地发展权制度，并使发展权及相关利益实现了国有化。该法规定，一切私有土地将来的发展权移转归国家所有，私有土地也只能在原用途的范围内进行利用。若私人想变更土地用途，必须向规划当局申请许可。如果许可被批准，任何由此引起的土地增值都需要支付开发捐，其具体数额按照变更用途后土地自然增长的价值计算，根据预先评估数额支付，这相当于向国家购得土地发展权。如果许可被否决，就不能得到补偿（除了有限范围内的特殊案例以外）。该法明确表明：“所有因本法实施而损失的开发价值将不被计入到补偿的范围之内。”这使得之前收取改善金所面临的增值确定难题迎刃而解。在该法规定下，政府仅以现有用途的价值对土地进行征购。如果严格遵循1947年《城乡规划法》的逻辑，土地发展权向国家的转移根本不存在赔偿的问题，但这会在个案中产生难以想象的困难。为此，国家设立了一个3亿英镑的基金对业主进行“支付”（并非“补偿”），前提是业主能够证明，在转移发展权的法律条款生效时，他们的土地具有某些开发价值。

土地发展权国有化的法律颁布之后，并没有像预料的那样顺利实施，而是产生了一些消极效果。它完全否定土地所有人参与分享土地发展增益，造成地产市场萎缩。因此，英国保守党政府执政后，开发捐的支付额度变成土地增值的60%~80%，1954年又取消了开发捐，但为了减少政府公共支出，仍然以现有用途的价值对土地进行征购。这实际上造就了一个“土地二元市场”，那些被迫向公共机构出卖土地的人觉得受到不公平待遇，而未来公共收购的不确定性也导致这种差别非常随意和不公。最终，在公众的压力下，1959年修改后的《城乡规划法》将“公平的市场价格”恢复为强制收购的补偿标准。取消开发捐后的《城乡规划法》仍然坚持土地发展权国有的原则，并规定如果规划许可受到否决，土地发展增益损失不会得到补偿。但这仍然可能导致不公平，因为它实际上使一些人可以不支付费用而从国家那里将发展权要回，而另一些人却不能。因此，1964年重新上台的工党提出了《土地委员会法》，该法通过对开发价值增收改善金，来保证“由社会创造的开发价值中的相当部分可以物归原主”。改善金的税率最初是40%，后来涨到45%乃至50%。与1947年的开发捐相比，改善金不会带走所有的开发价值。20世纪60年代后期到70年代初期，土地价格不断上涨，保守党还针对土地出售收益开征了开发收益税。

由于英国工党和保守党关于经济政策的基本观点不同，也由于土地发展权国有制度在实施过程中遭遇诸多具体问题，该制度几经变化。但总的来说，通过设立土地发展权制度，控制土地开发利用，确保因开发而引起的土地自然增值（部分）国有的基本制度未变。

7.3.2 美国的土地发展权转让制度

20世纪60年代，土地发展权观念被引入美国。1968年，纽约市首次在标志性建筑保护法案中引入土地发展权转让机制。70年代开始，美国开始启动土地发展权转让项目的州不断增加，到2007年，已至少有181个项目在33个州实施。

在美国，土地发展权与土地分区管制有着天然的密切联系，分区管制中的土地开发利用要求与条件是设定土地发展权的依据，而土地发展权转让是实施土地分区管制的一项有效的、灵活的制度手段。在土地分区管制下，法律赋予所有土地平等的定额发展权，但开发建设工作只能在建设规划区内进行，建设规划区之外的土地发展权只能通过转让来实现。土地发展权转让的法律依据在于，土地产权是一个权利束，由不同的权利组成，它们可以分离而单独在市场上交易。市场机制下的土地发展权转让，可以实现土地发展增益与土地所有权分离，从而将土地开发引向更适合的地区，以达到保护高农业价值的土地、环境敏感区及战略性的开敞空间等目标。

土地发展权转让制度中，先对土地进行分区，再将“出让区”的土地发展权转让给“受让区”。一旦“出让区”地块的土地发展权被买走，该地块将永远不能被开发，而“受让区”地块上可建造的建筑面积是两个地块的土地发展权所含建筑面积之和。“出让区”“受让区”有明确的地理范围。“出让区”是土地保护区，一般依据环境、生态、文化和农业发展等确定。“受让区”是被引导的城市发展区，其地理空间范围一般根据城市发展方向、城市基础设施建设、城市经济空间聚集等划定，它的土地开发密度和强度因受让土地发展权而变得更高。“出让区”只能转让土地发展权，不能受让，这样就通过避免或减少地块的开发来达到土地保护的目的。“受让区”则相反，只能受让土地发展权，不能跨区域出让，因为它是政策引导的未来城市发展方向。

开发商只能在“受让区”从事土地开发投资，而且必须与“出让区”的土地所有人进行土地发展权交易，政府一般不会干预发展权交易的具体过程。有的州、市建立发展权市场，通过中介商公开买卖。政府有时也会向土地所有人购买发展权，或接受土地所有人的发展权捐赠。政府为了保护农地、开敞空间、环境敏感地带和历史古迹，在土地所有人自愿的前提下，可以按照市场价购买特定地区的土地发展权。有的州、市规定必须以政府部门为中介，如芝加哥由市政当局建立发展权市场，用征收或购买的方式取得发展权，再转售给准予高强度开发的地块所有人。新泽西州于1993年设立土地发展权转让银行，将发展权证券化，该证券需要登记并可以在市场上自由买卖。纽约市柏林顿郡的“松林发展权银行”也是如此。政府在支付土地发展权价款后，土地仍归原所有人所有，但其开发利用受到限制。若土地所有人改变主意，想进行非农开发建设，则需要向政府买回其土地发展权。如此，通过国家购买土地发展权，农地、开敞空间、环境敏感区和历史古迹得到永久性保护。

7.3.3　英美土地发展权制度的借鉴意义

从英美两国的实践来看，法律设立土地发展权是基于限制土地任意、无拘束开发的现实需要，若土地开发没有任何限制，则无需土地发展权制度。土地规划、分区控制、用途管制、土地征收都是对土地自由开发的限制。在这些制度产生之前，土地用途改变或利用度提高直接取决于土地所有权人的主观意愿，其发展增益也当然归属土地所有权人。为了适应土地用途管制和多元化立体开发利用的需要，英美两国从对土地用途改变、土地利用度改变的控制中，逐渐发展出土地发展权制度。由于英美两国实行土地私有制，私权观念占绝对优势，国家公权力直接进行土地开发控制比较困难，土地发展权因此成为很好的手段和机制。

在土地私有制条件下，英国和美国都将土地发展权当作一种独立权利，它既可以归国家所有，也可以定额配置归土地所有人所有。这也表明，土地发展权不是土地所有权的派生权利，土地发展权的初始配置主体与土地所有权人并不必然同一（陈柏峰，2012）。英国坚持土地发展增益（部分）归公原则，土地发展权归国家（部分）所有，它更类似于公共性和社会性的资产，不能像一般商品那样在市场中自由交易。土地开发利用作为公权由政府掌握，需要服从城市规划，任何人如想变更土地用途，必须先向政府购买土地发展权。而按照美国的土地发展权转让制度，土地发展权定额配置归土地所有权人所有，坚持土地发展增益定额归私原则。土地发展权作为一项私权，充分依赖市场手段进行调整，土地所有权人可以就发展权进行自由交易，其收益也归私人所有，国家一般并不干预。英美两国的土地发展权制度看起来有很大差异，但就保障社会公平来说，殊途同归。两个国家的制度都能防止少数人获取土地发展增益，也即防止刚好位于特定位置的土地所有权人独享土地发展增益。英国法律规定土地发展权归国家（部分）所有，这大体是公平的，防止了因土地区位、城市规划而造成巨大不公平情况的发生。具体而言，条件相同、价值相当、用于种植农作物产出一样的两块农地，若其中一块被纳入城市发展规划区，可以变成建设用地，其地价立刻飞涨，而这仅仅取决于政府的城市发展规划。少数土地的非农使用能够实现巨额暴利，这等于赋予土地所有人额外的经济特权，而他们对土地升值并没有任何贡献，因此会鼓励不劳而获，违反了公平原则。英国将土地发展权与所有权分割处理，发展权（部分）属于国家，大体上能消除土地所有人之间的不公平。在美国土地发展权制度下，同一区域内相同面积的不同地块，土地发展权配额是相同的，因此对所有的土地也是公平的。一般来说，土地被规划为不同利用类型和强度（高度、密度、容积率）后，就会造成价值的巨大差异，规划改变利用强度后，土地价值也会改变。通常，商业区、住宅区、工业区、农业区的土地价值依次下降。在此背景下，土地发展权定额配置和转让制度可以平衡政府规划对土地价值的影响，减少或避免土地法规带来的市场扭曲，更正政府规划带来的利益分配不公平现象。按照规划，高强度发展的土地所有人必须向限定为低强度发展的土地所有人购买发展权，从而将受规划限制而不能直接行使的发展权转移至可开发的土地上，进而达到利益均衡。在项目区内，每一块土地都平等地拥有土地发展权配额。如果规划使一些土地的实际开发受到限制，便应当由获得实际发展权的土地所有人给予补偿。这保证了不同位置、相同面积土地的发展机会和所得利益均等。

当然，英美两国的土地发展权制度也存在一些差异，主要体现在限制开发土地所有人对土地发展增益的分享问题上。在英国制度模式下，土地发展增益主要由国家与开发土地的所有人分享，限制开发土地的所有人很难得到补偿。虽然为了贯彻1947年《城乡规划法》，英国曾设立基金，对发展利益受到限制的所有人进行“支付”，但这种支付远远不够，而且它也只是维持了很短的一段时间。从理论上说，作为公共权力机构，英国政府最终会将其所获取的土地发展增益用于全体人民，但即便如此，限制开发土地所有人毕竟缺乏直接的制度渠道来获取发展增益。而在美国制度模式下，限制开发土地的发展增益可以通过发展权交易市场来实现，土地发展增益由所有的土地所有人共享。美国制度模式对中国的重要启示在于，土地发展权配置还应当考虑到一个群体，即根据土地规划管理没有征地机会的土地所有权人——大田农民（农村集体）。他们虽然没有公开表达权益诉求，是“沉默的大多数”，但理论上也应当享有土地发展权，分享土地发展增益。

目前，中国的相关制度与英国的土地发展权国有制度接近，土地发展增益几乎全部国有，制度未能明确保障被征地农民对土地发展增益的分享，也未考虑并无征地机会的大田农民对土地发展增益的分享。这种模式曾经在英国遭遇失败，目前在中国实践中也遇到了一些挑战，故有学者持土地发展权派生论，主张按照土地征收后的用途和市场价补偿农民。但是这种“农民利益立场”的主张，本质是失地农民独享土地发展增益，与美国的土地发展权定额私有明显不同，缺乏美国制度中不同地块上发展增益的平衡机制，以及所有的土地所有权人对土地发展增益的共享机制。土地发展权派生论几乎剥夺了大田农民的土地发展权，使他们无法分享土地发展增益，而在土地发展权国有模式下，大田农民在理论上还可能通过某种具体机制，部分分享土地发展增益。

英美两国的土地发展权制度，虽然不一定可以直接被中国借鉴，但它们仍然有着相当重要的意义。这主要体现在两个方面：一是有助于从法律理论上理解土地发展权及中国相关制度实践；二是有助于从具体立法和制度上完善土地发展增益的分配机制。

7.4　中国土地发展权配置的问题

我国土地发展权所采取的近乎于国有模式，土地用途管制、征地补偿、国有土地使用权二级市场交易等制度都是土地发展权的实现机制。

7.4.1 土地开发由国家控制，土地发展增益也由国家占有

第一，国家控制着农村土地的用途及其转变。我国《土地管理法》第四条规定："国家实行土地用途管制制度。""国家编制土地利用总体规划，规定土地用途，将土地分为农用地、建设用地和未利用地。严格限制农用地转为建设用地"，并对农用地转为建设用地作了严格的程序规定。

第二，国家对农村集体土地的使用权流转作了严格的限制。我国《土地管理法》第六十三条规定："农民集体所有的土地的使用权不得出让、转让或者出租用于非农建设"，极个别情况下例外；第四十三条规定："任何单位和个人进行建设，需要使用土地的，必须依法申请使用国有土地"，个别情况下例外。

第三，国家通过土地征收补偿制度占有土地发展增益。我国《土地管理法》第二条第四款规定："国家为了公共利益的需要，可以依法对土地实行征收或者征用并给予补偿。"法律没有对"公共利益"进行明确界定，实践中地方政府有扩大"公共利益"进行征地的倾向。

7.4.2 《土地管理法》将土地发展权国有化

我国现行《土地管理法》规定，乡镇企业、乡（镇）村公共设施、公益事业、农村村民住宅等乡（镇）村建设，应当按照村庄和集镇规划合理布局、综合开发、配套建设；建设用地应当符合乡（镇）土地利用总体规划和土地利用年度计划，并依法办理农用地转用审批手续；根据具体情形，需要国务院、省级人民政府批准或市、县人民政府批准。而在1986年《土地管理法》颁布之前，乡村两级可以自主利用土地，土地非农使用的管制并不严格。1982年颁行的《村镇建房用地管理条例》规定，在村镇内，个人建房和社队企事业单位建设用地，都应按照规定办理申请、审查、批准的手续；审批村镇建房用地，以村镇规划和用地标准为基本依据；村庄规划由生产大队制订，集镇规划由公社制订，经社员代表大会或社员大会讨论通过后，分别报公社管理委员会或县级人民政府批准。

我国《土地管理法》的颁行固然是以保护耕地、有效规划、合理利用土地为目的，但客观上却对农民的土地发展增益进行了限制、剥夺和重构。1986年之前，所有农民（农村集体）享有土地非农使用的自由，它被视为土地使用的范畴，即农民在事实上享有土地发展权。1986年《土地管理法》颁行后，农民的土地发展权开始受到限制，土地的非农使用需要县级以上政府审批。1998年修订的《土地管理法》，对土地管理和利用方式进行了重大变革，实现了从分级限额审批到用途管制的转变，土地的非农使用权利完全掌握在政府手中。可以说，

上述制度的变迁，是广大农民（农村集体）逐渐丧失土地发展权，政府逐渐垄断土地发展权的过程。政府垄断土地开发一级市场并通过土地开发二级市场来获得土地发展权。

我国《土地管理法》将土地发展权国有化，这是国家管制权行使的附属产物。现代社会中，国家管制权行使有充分的正当理由，但这并不表明相应的土地发展权国有化的初始配置就一定完全合理。无论何种情形，将国有土地的发展权初始配置给国家，这大概不会有争议。在计划经济体制下，不同群体的利益分歧可以通过国家的指令性计划来加以协调，将农村集体土地的发展权配置给国家，也不会有很大争议。随着社会主义市场经济体制的建立和完善，不同群体的利益已有很大分化，人们的权利意识也大大增强，利益分配主要通过法律上的权利配置来解决。在这种背景下，国家、城郊村集体、农业村集体、个体农民的土地发展增益分配，很难通过行政指令进行协调，因此需要法律赋权机制。

土地发展权的法律配置，需要全面和仔细地考量。在保护耕地、有效规划、合理利用土地等公共目的下，一些土地可以非农开发，另一些则没有开发机会，它们之间的发展增益需要平衡，既需要思考没有征地机会的大田农民的土地发展权问题，也需要思考失地农民的土地发展权问题。

20世纪80年代，中国乡镇企业蓬勃发展，在近十年的时间里，农民创造了乡镇企业占国民经济半壁河山的奇迹，也创造了农村居民收入增长快于城市居民的奇迹。其重要原因之一，就是农民拥有用集体土地发展乡村工业的权利。农民可以独占土地发展增益，土地可以成为发展非农产业的资本，这是华西村、南街村、大寨村等工业化、集体化村庄经济越来越壮大、村民福利持续增长的基础。享有土地发展权，能够分享土地发展增益，实现土地资本化，是这些村庄在市场经济条件下成功的重要原因。可以说，当时所有的城郊村庄，只要能遏制村庄内部的离心力，解决内部的利益分配问题，都可能成功地建立集体化运作模式。

与南街村等村庄相比，其他村庄就没有抓住“历史机遇”。1998年《土地管理法》颁布后，大田农民分享土地发展增益的权利被国家剥夺，他们“依法”丧失了土地发展权。在当前的土地用途管制、土地规划制度下，城市规划区之外的土地丧失了发展机会，其发展增益聚集在规划区之内的土地上。也就是说，城市规划区的土地发展增益“聚集”了广大大田农民所“依法”丧失的土地发展增益。因此，土地发展增益不应该仅仅由刚好处在规划区的被征地农民独享，那些没有区位优势、无地可征的偏远农村地区的大田农民，也应该分享规划区内的土地发展增益。这样，既可以保护大田农民的土地发展增益，也可以避免城市规划区内出现土地食利者阶层。

在英国，通过土地发展权的国有化，国家获取了大部分土地发展增益，从理论上讲，这些利益可以通过公共财政来实现社会共享。在美国，通过土地发展权配置，土地发展增益被强制分配到所有地块上，从而实现社会共享。英美两国通过不同的方式，实现广大公众土地发展增益的分享。我国的土地用途管制和征地补偿的制度设计初衷也是如此。国家垄断了土地开发一级市场（发行市场），政府或其授权委托的企业，对城市国有土地（毛地）或乡村集体土地（生地）进行统一的征收、拆迁、安置、补偿，并进行适当的市政配套设施建设，使其成为熟地，然后在土地开发二级市场中有偿出让或转让，交易收益归国家所有，进而通过公共财政将这些收益用于全体人民。这一制度的初衷如能实现，也可以避免土地发展增益被少数人垄断。

然而，目前我国的制度实践却不尽如人意，大田农民与土地发展权缺乏制度上的联系。与美国土地发展权制度相比，中国征地补偿制度存在的一个问题是，那些偏远农村大田农民的土地发展权一直被忽略。在理论上，全国的每一块土地都天然地拥有土地发展权。但现在，土地用途管制和土地征收制度将土地发展权收归国有，并由政府进行发展增益分配。虽然土地发展增益确实有相当部分通过公共财政用于偏远农村，可目前国家以城市为主要发展重心，大田农民能够分享到的土地发展增益非常有限，而且公共财政开支与大田农民的土地发展增益缺乏明确的制度联系。大田农民的土地缺乏被征收的机会，他们不会、也不懂得争取发展增益，是“沉默的大多数”。

我国的征地补偿费用包括土地补偿费、安置补助费及地上附着物和青苗的补偿费。根据《土地管理法》的规定，征收耕地的土地补偿费，为该耕地被征收前三年平均年产值的6至10倍；每一个需要安置的农业人口的安置补助费标准，为该耕地被征收前三年平均年产值的4至6倍；征收其他土地的土地补偿费和安置补助费标准，以及被征收土地上的附着物和青苗的补偿标准，由省、自治区、直辖市规定。这种土地补偿费的法定计算方式虽然不尽科学，但其计算结果与征收前农地纯收入资本化的“影子价格”大体上是相当的。根据这一标准计算出来的征地补偿费用，远远低于土地征收后的非农用地市场价格。这意味着，我国的土地征收制度未能明确保障失地农民对土地发展增益的分享，失地农民并不享有土地发展权，这种模式明显存在诸多问题。

第一，在理论上不能自圆其说。从理论上讲，土地发展增益来源于全体人民的努力，应当属于全体人民。失地农民虽然不能独享土地发展增益，但他们至少可以参与分享一定的发展增益，甚至在其中应当享有优先地位，毕竟土地发展增益的实现有赖于他们的土地所有权。而且，中国农民不为城镇社会保障体系所覆盖，土地因此构成农民农业就业权和社会保障权的载体。农民失去土地，就会同时失去就业和社会保障，因此理应让他们参与分享土地发展增益。

第二，在实践中可能导致失地农民生活水平的实际下降。由于中国存在城乡二元结构，城乡生活成本有着巨大的差异。一个农村家庭如果有十亩土地，年收入虽然不多，却可以维持全家温饱。土地被征收后，失地农民如果不能在城市获得稳定就业，得到的补偿费用很难维持整个家庭在城市的长远生活。若土地被征收前主要用于种植经济作物或经营高效农业，则失地后农民的生活水平会下降得更加明显。近二十年来的土地征收，制造了一个完全失去土地同时又无法在城市稳定就业的失地农民群体，他们在失地后，生活水平下降，心理上的被剥夺感很强，带来了诸多社会问题。

第三，可能剥夺失地农民的习惯利益，从而导致激烈的对抗。在城郊农村，土地被征收之前，农民享有了一些不合法的习惯利益。他们在土地上从事一些经营活动，占有了土地非农使用的发展利益，如将村里的“四荒地”出租给企业，建停车场、农贸市场，大量建造出租房屋等。这些经营行为也许并不合法，但国家限于执法能力，未能及时查处，因此这些农民长期享受非法的习惯利益。一旦国家正式征收事实上得以开发的土地，并仅仅按照目前的法定标准进行补偿，农民因习惯利益丧失，就可能产生严重的被剥夺感，进而引发激烈的抵抗，导致群体性事件甚至恶性事件的发生。

第四，可能给失地农民带来巨大的心理冲击。现行征地补偿标准基本上没有考虑市场条件，如土地的区位、征收后的用途等。这可能导致失地农民心理不平衡，尤其是对房屋的补偿，主要考虑重置成本，这与城市房屋拆迁按照市场价进行补偿形成了强烈的反差。《国有土地上房屋征收与补偿条例》第十九条规定：“对被征收房屋价值的补偿，不得低于房屋征收决定公告之日被征收房屋类似房地产的市场价格。被征收房屋的价值，由具有相应资质的房地产价格评估机构按照房屋征收评估办法评估确定。”城郊村、城中村的房屋与城市国有土地上的房屋比邻而立、犬牙交错，补偿标准差距甚大，失地农民比照城市土地和房屋的市场价格，从心理上难以接受法定征地补偿标准。

第五，可能使法定征地补偿标准难以执行。考虑到种种现实挑战，政府可能因严格执法成本过高而放弃执法，向失地农民妥协，也可能因“维稳”压力而给予失地农民更多的补偿。一些地方政府甚至开始倾向于以非农用地市场价补偿失地农民，这在城中村改造过程中最为明显，它事实上造就了一个土地食利者群体。这些做法无疑在消解法定补偿标准的权威性，损害了法律的权威。

7.5 中国土地发展权的制度完善分析

美国的土地发展权制度有很多优点：能够消除非个人努力而导致的土地增值，补偿因分区政策而开发受限的土地所有人，从而保证公平；能够减缓政治压力，特别是来自试图把土地卖给开发商的土地所有人的压力；能够促使土地所有人避免利益分裂，联合成统一的群体；能够大大减少因土地分区规划所带来的申诉和争议及相应的成本；能够更低成本地保护农地、开敞空间、历史遗迹、环境敏感区；能够促进城市的理性发展和扩张；能够在技术上避免征收土地，减少社会矛盾。倘若中国借鉴美国的土地发展权制度，且这一制度能在实践中有效运作，上述优点应该也可以体现出来。由此，一些中国学者基于美国土地发展权制度的优点，主张在中国全面借鉴这一制度。然而，美国的土地发展权制度与中国相关制度有着相当不同的基础，全面借鉴会涉及一连串的制度变动。目前中国近乎采取土地发展权国有模式，要转换为美国土地发展权定额私有模式，制度转换的成本会非常高。尤其不能不考虑的是，全面赋予所有土地以发展权，国家要限制农民开发，就必须买断其土地发展权，这会让中西部地方政府有限的财政能力雪上加霜。倘若国家无力买断农民的土地发展权，就很难阻止农民低度开发土地，从而造成土地浪费，并使严格的耕地保护政策落空、土地用途管制制度虚化。此外，土地发展权制度的成功运作依赖于严格的外部条件，包括法律制度对权利的明确界定、科学合理的分区规划政策、公众对发展权制度的充分认可、政府对市场的高效监管等。在美国，这些背景性条件在一些地区也很难全部具备，土地发展权转让制度的实际运作效果因此往往很难与预期相符。目前，中国的多数地区很难在短时间内达到美国式土地发展权制度成功运作的背景性条件，因此，全面借鉴美国制度模式的时机并不成熟。当然，具备条件的地区，可以尝试以项目的形式进行土地发展权改革实验，然后根据实验的成效，谨慎决定是否应当在更大范围内推行这一制度。

当前中国征地纠纷频发、矛盾较为尖锐，一些地方的征地补偿未能依法进行，基层政府的执法也存在一些问题，土地发展权派生论因此批判现有土地发展权国家模式，主张将土地发展权完全赋予城市规划区内的土地所有权人。如果这种主张付诸实施，土地发展增益将主要由占有特殊位置土地的城郊农民享有，这必将催生土地食利者群体，加剧社会不公。目前中国采取的土地发展权国有模式，从原则和大方向上讲，大体能体现社会公平，应当坚持。不过，目前制度确实未能明确保障失地农民的土地发展增益，应当加以改革完善。周诚教授提出

“私公兼顾”论和“农地全面产权”观，指出农地自然增值的公平分配应当全面顾及失地农民和国家（2006b）。

这种认识既坚持了土地发展权国有，也保障了失地农民的权益，尽管对大田农民的权益关注不够。我国法律需要在土地发展权国有的基本制度下，适当考虑失地农民分享土地发展增益，以保证他们过上小康生活，这需要适当提高征地补偿标准，同时严格执行补偿标准。政府不能因为“土地财政”需要而剥夺失地农民，也不能因为“钉子户”抗争而支付超额的补偿费用。

目前，相关制度忽视了大田农民的土地发展权，也应当予以改革完善。在大体坚持土地发展权国有的同时，需要在公共财政和预算方面进行具体制度建设，保障大田农民的土地发展权的实现。可以考虑建立专门的制度，从已开发土地的发展收益中拿出适当的份额进行再分配，用于补偿那些没有征地机会的大田农民，正是他们的农业耕作为社会提供了粮食安全、生态效益、良好环境等公共品。也可以考虑在现有的农业补贴之外，专门增加一项“土地发展权补贴”，按照土地面积进行发放。还可以考虑从“土地财政”收入中提取一定的经费，作为农村社会风险基金，用来资助遭遇疾病、灾害、事故等急需帮助的农民家庭。特别需要说明的是，上述具体制度需要突破行政区划，在全国层面建立。中国是中央集权程度较高的单一制国家，国家发展战略已经导致各地发展状况差异很大，聚集资源的能力相当不同，可以分享的土地发展增益有很大的差别，只有全国性的制度才能保障各地农民公平享受土地。

第八章 土地资本化权利保护与征地补偿制度创新

现代产权制度的终极意义，在于它与以往的产权制度相比，带来了更大的产权效率，促进了经济的增长，这也正是产权制度受到制度经济学家广泛关注并进行深入研究的原因。那么，产权保护制度引起增长的经济学解释是什么呢？经济学家们从各自的理论体系出发，给予不同的解释。

8.1 财产权利资本化保护与扩大再生产

财产权利不同于资本要素，它还不具备自行增值功能。但财产权利客体有价值和使用价值（或者能够转化为使用价值），是构成资本的基础，资本家的私人产权用于剩余价值的生产，产权就转化成资本。从这个意义上说，产权对经济增长的贡献就是资本家通过产权私有转化为资本，从而进入积累和扩大再生产过程实现的。学者们对资本与经济增长关系的分析，基本上是沿着两条路线展开的。

一条是马克思的产权资本观。马克思认为，资本的前身是生产资料的资本主义私人所有权，即私人产权，权且称其为产权资本观。围绕对剩余价值的生产、实现与分配过程的深入剖析，马克思在庞大的剩余价值学说体系中，还系统地阐述了劳动价值理论、资本循环理论、社会资本再生产理论（含简单再生产和扩大再生产理论）、货币理论、生产价格理论、商业资本和借贷资本理论等。马克思认为，资本的积累是通过剩余价值的资本化来进行的，它是资本主义扩大再生产的源泉。

另一条是西方主流经济学家的资产资本观。资产（asset）和资本（capital）的本意是不同的。前者作为一种使用价值的载体，体现的是生产资料与生活资料的自然属性；后者则作为一种价值与使用价值的统一体，加入了生产与生活资料的社会属性，资产有了归属者才成为资本。而在亚当·斯密那里，可以认为资产就是资本，因为资本失去了社会关系的属性。斯密认为资本就是生产要素，资本积累是财富增长的主要源泉，资本积累的大小是经济增长率高低的关键。他认为，资本有两种用途："资本可用来生产、制造和购买物品，然后卖出去以取得利润"；"资本可以用来改良土地，购买有用的机器和工具，或用来置备无须易主或无须进一步交流即可提供利润的东西"（亚当·斯密，1972）。很显然，斯密所强调的是资本的生产要素属性，这里暗含的前提是资产能够并且已经进入生产与交换领域，它必须是资本家可以控制于手中并自由支配的生产要素。但在斯密的视野里，这些前提已经是现实社会的既定事实，斯密所确定的研究使命是对几乎所有经济学家都有巨大诱惑力的寻找资本增值的奥秘，而非资本剥削的秘密，因此也就没有必要更多地讨论资产是如何成为资本的。斯密之后的经济学家，大都继承了斯密的使命，也沿用了这个概念，比较一致地将资产看成资本，在他们的视域内，逐步深入地论证资本积累对经济增长的作用。如萨缪尔森（P.A.Samuelson）认为："资本一词通常被用来表示一般的资本品。资本是另一种生产要素。资本品和初级生产要素的不同之处在于：前者是一种入量，同时又是经济社会的出量。"（1993）当然，制度经济学家们还是注意到了资产与资本的差别的，Coase指出，生产要素通常被认为商人所购买和使用的一件实物（一亩地、一吨化肥），而不是进行某些活动的权利。我们可能会说一个人拥有一块土地并把它作为生产要素使用，但是，土地所有者实际拥有的是进行某些行动的权利。

发展经济学家分析资本积累对于经济增长作用的理论中，比较典型的如哈罗德-多马模型：

$$G=S/K$$

在这个模型中，由于假定资本产出比率K固定不变，因而储蓄率S就成了决定经济增长率G的唯一因素。很显然，采用储蓄率指标测定经济增长率的原因在于其与积累率是一致的。纳克斯"贫困恶性循环理论"认为，对于所有不发达国家而言，使它们陷入贫困境地的根本原因在于资本形成不足（陶文达，2002），自然地，促进资本形成与积累过程的普遍发展，就是发展中国家走出贫困可以选择的唯一途径。这种结论也与斯密的国民财富增长理论、哈罗德-多马模型中关于资本积累、储蓄率决定经济增长水平的基本出发点是一致的。

就资本作为价值体而言，马克思的最突出理论贡献，在于他深入地揭示了资本的价值属性，从而揭露了隐藏在资本后面的剩余价值剥夺的社会关系。马克思强调资本是价值和使用价值的统一，价值是其社会属性，而使用价值则是其自然属性。西方主流经济学家们抽去了资本的社会属性，因而也就隐藏了资本剥削的秘密，但另一方面也留下了资本的共性，即资本具有使用价值，这也正是财富增长不可或缺的自然条件，正如威廉·配第所言："劳动是财富之父，土地是财富之母。"也正是由于这种共性，使得西方学者与马克思在资本增值上的观点具有某种相通的地方。

马克思作为工人阶级的理论代言人，其思想维度与研究空间比其他经济学家远为宏大。其中的一个重要的理论遗产，就是系统地阐述了资本主义生产方式的所有制基础和以之为前提的产权条件——产权的资本主义垄断。正是产权为资产注入了资本的灵魂，资本的生命因此而孕育、生长，并最终将整个市场控制为自己的天下。这一点足以说明，产权可以作为解释资本循环与经济增长的出发点。

8.2 财产权利资本化保护——资本循环与增值均衡机制

本研究依据马克思关于资本循环与增值的基本原理，对土地产权与经济增长的关系作出以下分析，可以将其概括为产权-资本循环与增值均衡机制。

① 按照经济学的一般原理，经济人假设不仅适用市场化生产方式，同样适用于封建社会的生产方式，利益最大化追求具有普遍意义，只是利益的具体表现可以是经济的、政治的及其他形式。经济行为与从属于它的政治行为都可以看成逐利行为，制度安排因群体逐利行为及其相互博弈而产生并引导新的逐利行为的走向，即制度影响偏好。

② 经济增长在市场条件下可以看成产权普遍增值的过程，是私人产权增值与社会物质财富增长的统一，基于市场规则的产权制度安排同时满足了这两方面的要求。

③ 资本循环过程及由此引起的社会资本扩大再生产建立了资本扩张与财富增值的无限链条。马克思关于社会资本循环和扩大再生产实现条件的理论，揭示了资本增值过程的一般规律。

第一，资本循环规律。在市场经济条件下，产权是资本的源泉。马克思认为，资本是可以自行增值的价值，"资本本身总是表现为这种会直接自行增殖的价值"（中央编译局，2009b）[440-441]。"既然它生出剩余价值的运动是它自身的运动，它的增殖也就是自行增殖。它所以获得创造价值的奇能，是因为它是价值。"（马克思等，1995）[168]同时，作为资本，其价值必须沿着循环运行的轨迹，即通过 $G-W-G'$ 实现价值增值。"作为资本的货币的流通本身就是目的，因为只是在这个不断更新的运动中才有价值的增殖。因此，资本的运动是没有限度的。"（马克思等，1995）[168]。可见，一方面，资本主义经济的高速增长来自资本"自行增值"的天性，就连资本家也是为资本增值而生，他是"作为人格化的、有意志和意识的资本执行职能。”（马克思等，1995）[168]另一方面，资本增值必须以循环运动的实现为条件，马克思并没有直接阐明循环运动需要具备的产权条件与主体条件，因为在马克思时代，这些条件已经为资本主义生产方式所成就，但透过他抽象出来的资本循环公式$G\text{-}W\text{-}G'$，可以清楚地看出资本循环运动的两个基本前提：一是交换自由即等价交换，由货币资本转化为生产资本，再转化为货币资本的往复畅行无阻，资本家的价值在交换中不受权力因素影响减少其拥有的价值和使用价值；二是经营自由，生产资本所有者能够顺利地在市场上购买到人身自由的劳动力，同时自主组织生产经营并赚取剩余价值。按照马克思给出的货币资本循环公式就是：

$$G-W\cdots\cdots P-G'$$

其中，G代表货币资本，W代表商品资本，P代表生产资本，G'代表包含剩余价值的货币资本。

第二，社会资本扩大再生产均衡规律。社会资本的扩大再生产是指在社会资本规模不断扩大的条件下进行的再生产。按照马克思、恩格斯在《资本论》中阐述的原理，要实现扩大再生产，必须有一部分剩余价值转变为不变资本和可变资本的追加。设c为不变资本，v为可变资本，m为剩余价值，m/x表示资本家用于个人消费的剩余价值，$m-m/x$表示用于积累的剩余价值，Ⅰ代表社会生产的第一部类，Ⅱ代表社会生产的第二部类，则社会资本扩大再生产的两个前提条件是：

$$\text{Ⅰ}(c+v+m) > \text{Ⅰ}c+\text{Ⅱ}c$$

$$\text{Ⅱ}(c+m-m/x) > \text{Ⅰ}(v+m/x)$$

设Δc表示追加的不变资本，Δv表示追加的可变资本，社会资本扩大再生产的均衡条件是：

$$\text{Ⅰ}(c+v+m) = \text{Ⅰ}(c+\Delta c)+\text{Ⅱ}(c+\Delta c) \tag{8-1}$$

$$\text{Ⅱ}(c+v+m) = \text{Ⅰ}(v+\Delta v+m/x)+\text{Ⅱ}(v+\Delta v+m/x) \tag{8-2}$$

式（8-1）表明，第一部类生产的生产资料除了补偿本部门消耗的不变资本Ⅰc以外，剩下的可变资本和剩余价值部分必须能够补偿第二部类消耗的生产资料Ⅱc和满足两个部门追加生产资料的需要 Ⅰ(Δc) + Ⅱ(Δc)。这是从补偿和追加生产资料的角度来分析社会资本扩大再生产的条件。

式（8-2）表明，第二部类生产的消费资料除了满足本部门劳动者和资本家消费的需要外，所剩下的不变资本和积累的剩余价值部分必须能够满足第一部类劳动者和资本家消费的需要，以及两个部类追加劳动者消费的需要。这是从提供和追加消费资料的角度来分析社会资本扩大再生产的条件。

无论是从追加生产资料的角度，还是从追加生活资料的角度，前提都是剩余价值必须达到这样的水平：除满足资本家消费外，有额外的盈余，并且这些盈余能够投入再生产过程，才能实现社会资本扩大再生产均衡，“生产的扩大，要取决于剩余价值到追加资本的转化，也就是要取决于作为生产基础的资本的扩大。”（马克思等，1995）[377]

资本是市场经济方式的最高统治者。因此，把目光从资本家身上转向整个社会，可以有理由相信，全社会的经营资本就是资本家个人资本的集合，资本家扩大再生产的均衡条件就是社会资本扩大再生产的均衡条件。同时，这也可以理解为社会经济持续发展的均衡条件（当然从中也可以推演出环境和人力资本持续发展的均衡条件）。

④ 社会主义市场经济条件下的农业经济增长也是产权–资本循环与增值均衡的过程。社会主义市场经济并未改变市场经济的一般规律，我们剥夺了资本家手中的资本，也就是剥夺了资本家剥夺他人剩余价值的权利。但我们并没有消灭资本，农村土地实行家庭承包经营之后，土地经营权为农民所享有，农民同时拥有经营自主权，土地也就成为他们的经营资本，为他们通过自身劳动增值资本创造了条件。

8.3 土地权利资本化保护的征地制度创新意义

在上述产权–资本循环与增值均衡机制中，土地产权是起点，而赋予土地产权以资本经营权的灵魂即对土地的“垄断权”则是制度创新的核心。那么，在现行体制下，农村土地能否成为农民的经营资本？农民能否充当以资本经营增值为使命的农村市场主体？农村土地上承载的公益职能可否从农民负担里剥离出来？这里必须明确以下诸点。

第一，农民土地产权具有私人权利属性。这种属性可以从两个方面考察。一方面，农民集体土地分属于不同权利主体。我国实行土地的社会主义公有制，《中华人民共和国宪法》第十条第二款规定：“农村和城市郊区的土地，除由法律规定属于国家所有的以外，属于集体所有；宅基地和自留地、自留山，也属于集体所有。”我国《民法通则》《土地管理法》《农村土地承包法》《物权法》都作了与《宪法》表述基本一致的规定。尽管国家所有与集体所有都属于社会主义公有，但两者存在明显的差别：国有属于国家代表全民所有；而农民集体所有则属于集体内部的公有，相对于集体外部，它属于某个农民集体作为一个独立的权利主体。集体成员以土地为生产资料的全部生产经营活动，理所当然地与其他市场主体同样遵循内部效用最大化的经济学假定。我们以往对农民集体土地权益剥夺过多，重要原因在于忽视了农民集体这种独立利益主体的土地权利，而把集体所有当成“准国有”。另一方面，由农民集体土地所有权分离出来的家庭承包经营权，其农民私人产权性质则已经为上述法律制度正式确定。承认包括集体土地所有权和家庭承包经营权在内的土地产权的这种私人权利属性，才能够保证农村集体土地作为农民的经营资本。这种产权主体的多元及劳动产品的私有性也正是商品生产经营的基本条件，因为“只有独立的互不依赖的私人劳动的产品，才作为商品互相对立。”（中央编译局，2009a）[55]。

第二，农民的商事主体地位为法律所确认。在市场经济体制下，社会财富的增长是市场主体创造的。随着农村市场化，“农民”的内涵也在发生质的飞跃，不再只是一种身份，也不再是简单的与工人对应的职业定位，更恰当的理解应当是他们属于从事农业经营的农村市场主体。尽管与工商业企业存在诸多差异，但是农民及作为他们独特经营单位的农户的商事主体地位已经得到法律的认可。我国《民法通则》第二十七条规定：“农村集体经济组织的成员，在法律允许的范围内，按照承包合同规定从事商品经营的，为农村承包经营户。”第二十八条进一步规定：“个体工商户、农村承包经营户的合法权益，受法律保护。”中国农业的基本主体特征，是亿万分散经营的农户成为经营农业的主体。我们别无选择，必须立足于这个现实，全力培育出为数众多的经营土地资本的农场主、农业“资本家”。

第三，土地产权在农民手里的唯一职能是经营资本。如果上述两个前提是成立的，那么对农民而言，与任何其他资本经营者同样，土地产权只是他们经营获利的条件。土地作为资本投入经营的程度越高，其增值财富的能力越强。集体土地承载的公共职能只限于集体内部，并不能代替政府提供的公共物品。因此，未来的土地制度设计极有必要将农村土地上承载的公益职能从农民的负担里剥离出来，变为政府责任。

就总体而言，农民的土地经营没有对他人剩余价值的剥夺即无偿占有，他们的剩余从何而来？答案可以从两个方面得出：一方面，农民的剩余劳动不再被别人剥夺；另一方面，农民投入的增加和劳动生产率的提高为他们增加剩余提供了可能。从经营规模来看，承包经营下的中国农民属于小农，经营分散、规模狭小是多数农户难以摆脱的资源制约因素。但这种资源禀赋并不能阻挡农民对土地的资本经营，农民只要有了剩余，不论这种剩余带来的资本积累是如何微小，他们都会千方百计地扩大生产投入，实现自己的产权-资本循环与增值均衡的过程。

农户经济是中国农业经济的微观基础，农业经济的持续增长，完全可以看成亿万农民以土地资本为主的资本经营增值的普遍化过程。

既然我们已经走上了市场体制这条道路，那么同样要遵循这里的交通规则：产权-资本循环与增值均衡机制。因此，实现中国农业和农村经济持续增长对土地制度创新的基本要求是：赋予农民完整的农村土地经营资本权，塑造亿万农户成为农业“资本家”。

第九章　国外征地补偿制度借鉴

市场化、工业化、城镇化与土地产权私有化，是发达国家和地区经济建设、社会发展与经济制度的共同特点。其建设征地制度的形成与完善大多经历了较长的历史阶段，逐步建立了可持续的包括补偿制度在内的建设征地制度，有许多可资借鉴的经验教训。“他山之石可以攻玉。”研究国外征地补偿制度，有助于我们发现其实施的必然性，将其合理成分拿来为我所用。

9.1　英国的征地补偿制度

英国是世界上最早建立资本主义制度的国家，也是最早进入工业化、城市化的国家，迄今为止，英国依然是世界城市化程度最高的国家之一。早在市场经济制度建立之前，英国的财产权利保护制度也已经比较完备，为其建立与市场化、工业化、城市化相适应的征地及补偿制度奠定了基础。

9.1.1　近代宪政视域的英国财产权利理论

英国近代财产权利思想，既是宪政制度的理论先导，又与财产权的社会观念相互交织影响，共同推动社会变革进程，并在宪政制度完善中不断更新自身的体系，展现出清晰的历史脉络。其中的代表性思想是洛克的自然权利理论，休谟和斯密的正义规则理论，再到边沁和约翰·密尔的功利主义思想。理论适应了时代要求，催生了包括财产权利保护在内的宪政制度，而宪政实行又展开了鲜活的新秩序下的社会实践，为新思想、新理论的形成提出要求并供给材料，在这种互动中推进社会的深刻变革与文明进步。

约翰·洛克（John Locke，1632—1704）作为近代理性自然法理论的代表人物，其生活的年代正处于近代英格兰社会政治转型时期。为了透析重建政治权力正当性基础这一时代性课题，洛克敏锐地观察到以个人主义为基础的财产权利在建立新的社会政治架构中的作用，在格劳秀斯、斯宾诺莎、霍布斯等人自然法理论的基础上，系统而深入地阐述了作为自然权利的财产权与政治权力的关系，从而确立了财产权利在政治哲学中的基础地位。这样一来，财产权利不再是一个与政治制度无关的单纯的民法问题，而是与捍卫个人自由密切相关的宪政制度问题，由此一举奠定了财产权利"神圣不可侵犯"的法理地位。关于财产权利的来源，洛克认为，是通过天赋和劳动两种方式获得，他在《政府论》下篇写道："上帝既将世界给予人类共有，亦给予他们理性，让他们为了生活和便利的最大好处而加以利用"（1982）[18]。那么，是什么使得由上帝给予人类共有的财产变为私人所有了呢？洛克指出："每一个人的人身只属于他自己，是他的私产。因此，他的身体从事的劳动和他的双手所进行的工作，我们可以说，是应当属于他的。所以只要他使任何东西脱离自然所提供的和那个东西所处的状态，他就已经掺进他的劳动。在这上面掺入他自己所有的某种东西，因而使它成为自己的财产"（1982）[19]。既然如此，在洛克看来，财产权利就因为属于天赋的和依靠自身劳动得来的、天然合理的权利而神圣不可侵犯。

大卫·休谟（David Hume，1711—1776）在哲学观上持坚定的经验主义，由此形成对宗教的怀疑，认为上帝存在与否是一个悬而未决的问题，"我们如果怀疑外在的世界，我们就更茫然地找不出证据来，以证明那个神明的存在或他的任何属性的存在"（休谟，1972）。在这种哲学观点支持下，休谟质疑先验色彩的自然权利观，他将财产权从洛克的天赋状态拉回到社会中，将其作为正义规则的核心来看待。他在《人性论》中说："我们的财产只是被社会法律，也就是被正义的法则所确认为可以恒常占有的那些财物"（休谟，1980）[531]；"只有通过社会全体成员所缔结的协议，才会使那些外物的占有得到稳定，使每个人安享他凭幸运和勤劳所获得的财物"（休谟，1980）[530]。那么，正义又是来源于何处呢？按照休谟的观点，正义与财产权的起源是基于共同利益感的人类协议，这种协议的形成是为了补救由人的自然性情的某些特质和外界条件的状况相结合所产生的障碍和不便。既然财产权利需要正义的法律规则维护，那么政府就有责任充当财产权利的保护者。

亚当·斯密（Adam Smith，1723—1790），格拉斯哥大学道德哲学教授，社会学家、经济学家。因在经济学领域的卓越建树，他被尊称为"现代经济学之父"。斯密从道德性和政治德性的伦理视角出发，将正义比喻为支撑整个社会大厦的主要廊柱，一旦移除，人类社会将崩塌瓦解。斯密还分析了希腊语中正义的三种内涵，认为其中最基本的是狭义的正义，其义为不侵犯他人的人身、财产和名誉，自愿地做按礼节必须做的一切事情。这和斯密崇尚的自由竞争经济秩序是完全一致的。既然如此，保护财产权利，就是最基本的正义。

吉米·边沁（Jeremy Bentham，1748—1832），著名法学家、伦理学家，功利主义法学派的创始人。他倡导旧的既存的政治法律制度，鼓吹自由主义和功利主义理论，以适应资本主义市场经济发展的要求。边沁一方面反对抽象体现人类理性的自然法学观点，另一方面反对历史法学派主张的习惯法，认为法律的制定与形成都是人们有意识活动的结果。吉米·边沁说："所有权和法律一起出生，一起死亡。在法律制定之前，没有所有权可言，法律一旦消灭，所有权也就不复存在"（2004）。功利主义是边沁法律思想的核心，所谓功利原则，就是"避苦求乐"。在功利主义的立法原则下，边沁更强调立法的效果而非动机，即能否促进社会"最大多数人的最大幸福"。用功利理论全面替代自然权利观和社会契约论，财产权在他那里成为一般的民法权利，使得自由财产与民主宪政相分离。在坚守财产安全价值的同时，边沁强调财产权受到一定限制，并倾向于更加平等的分配。

约翰·斯图亚特·密尔（John Stuart Mill，1806—1873），英国著名哲学家和自由主义政治思想家。作为边沁功利主义理论的继承人和修正者，密尔试图从理论上为平衡他所处时代已经突显的自由与平等的内在冲突提供依据，虽然声称坚持自由放任的原则，但对功利主义的内涵有了与边沁明显不同的理解。他指出，"的确，在一切道德问题上，我最后总是诉诸功利的；但是这里所谓功利必须是最广义的，必须是把人当作前进的存在而以其永久利益为根据的"（约翰·斯图亚特·密尔，1959）。显然，这里的人是人类整体，功利也是社会的功利。在社会功利主张下，密尔同情社会主义，进一步将财产权推下圣坛，古典的绝对神圣的财产权在他的理论体系里让位于现代的相对受限的财产权。

这一时期财产权观念的演变，经历了一个轮回：从自然法上的天赋权利，到正义规则下的基本人权，再到功利法学派的一般民事权利，财产权利从神坛回归到人间，制度保护似乎在逐步弱化，实则不然。正义规则为作为基本人权的财产权利提供了人类理性依据，而分析法学则让抽象的理性走进了活生生的实践。在这一过程中的制度建设，不是后者颠覆了前者，而是后者完善了前者，财产权利作为宪法权利的地位未变，只是区分了作为宪法权利和民事权利的财产权利。在这种观念与制度下，人们认识到财产权作为经济与政治的交汇点的重要意义，从而为其保护奠定了坚实的理论基础。

9.1.2　英国征地补偿制度的渊源

英国征地制度的建立与发展，既以其财产权利保护制度为依据，又在征地过程中体现了现代宪政制度下保护财产权利的要求。英国封建专制时期最为著名的宪法性文件当属1215年的《自由大宪章》(*The Great Charter*),它开启了包括财产权利在内的基本人权保护的序幕。《自由大宪章》是指1215年6月15日,英国贵族胁迫约翰王在兰尼米德草原签署的文件,文件共63条,用拉丁文写成。多数条款维护贵族和教士的权利,同时约束国王权力,其主要内容包括:保障教会选举教职人员的自由;保护贵族和骑士的领地继承权,国王不得违例征收领地继承税;未经由贵族、教士和骑士组成的"王国大会议"同意,国王不得向直属附庸征派补助金和盾牌钱;取消国王干涉封建主法庭从事司法审判的权力;未经同级贵族判决,国王不得任意逮捕或监禁任何自由人或没收他们的财产。此外,少数条款涉及城市,如确认城市已享有的权利、保护商业自由、统一度量衡等。为保证《自由大宪章》对王权的限制得到实施,其第61条(该条被称为安全法)规定,由25名贵族组成的委员会有权随时召开会议,具有否决国王命令的权力;并且可以使用武力,占据国王的城堡和财产。由于约翰签署的文件是城下之盟,特别是第61条几乎褫夺了国王所有的权力,动摇了其至高无上的地位,他内心没有丝毫接受大宪章约束的诚意,在贵族离开伦敦之后,立即宣布废弃大宪章,代表宗教势力的教皇英诺森三世也断然否定了任何贵族对权力的要求,英国旋即陷入内战。约翰王于1216年病死,即位的亨利三世于1216年、1217年和1225年三次发布修改的大宪章,但删除至37条。直到1272年亨利三世逝世时,大宪章才成为既定的英国法律。《自由大宪章》对此后英国民主制度的建立产生了极为深刻的影响,被公认为英国宪政之母。此后,1628 年的《权利请愿书》、1689 年的《权利法案》、1911 年的《议会法》等,尽管基本内容是规定国民的基本的人身权,但都涉及财产权利方面的内容,并且确认作为基本人权的组成部分,财产权与人身权是不可分离的。

英国的土地归国王所有,私人及私人机构可以依法取得使用权。英国征地制度最为显著的特点是强制购买(compulsory purchase)制度,这一制度形成于19世纪末期,当时为了促进铁路、运河和其他关键性基础设施的建设,解决土地权利人不愿以市场价格出售土地导致征地搁浅问题,采取强制购买措施,并在实践中逐步完善征地程序、补偿要求等制度。调整征地及补偿关系的主要法律制度有:1845年颁布的《土地条款统一法》、1949年颁布的《土地裁判所法》、1965年颁布的《强制购买法》、1961年和1973年颁布的《土地补偿法》、1981年颁布的《土地取得法》、1990年颁布的《城乡规划法》的第四部分、1991年颁布的《规划和补偿法》、1992年颁布的《交通与工程法》、2004年颁布的《规划与强制性购买法》。法律并未将强制购买目的严格限定在公共使用目的上,私人用途也可以通过强制购买取得土地。根据1992年颁布的《交通与工程法》，私有的公用事业公司也可以通过强制购买取得土地来进行铁路交通和其他公用事业建设。而2004年颁布实施的《规划与强制性购买法》，对于地方当局通过强制购买实施城市开发，规定了更具有弹性的条件，只要符合以下要求，地方当局就可实施强制购买：促进或者改善该地区的经济福利，促进或者改善该地区的社会福利，促进或者改善该地区的环境福利。但征购程序严密，补偿充分，争议仲裁程序复杂，突出体现对被征地人土地权利的保护。

9.1.3 英国法律规定的征地机构及征地程序

英国法律并没有明确规定哪些政府机构或者社会组织拥有强制购买土地权。实践中，包括中央政府部门及其大多数机构、地方政府、由法律确定的各项公共事业实施主体，如供水公司、新城镇开发公司等，都是具有强制购买权的征地机构。

土地征购的基本程序包括以下7个步骤。① 申请。请求取得土地的政府各部、地方政府或其他征地者向当地征地主管机构（一般是议会，苏格兰设有土地征用局）提出土地征用申请。② 议会确认。议会确认申请征用土地的使用目的有利于公众利益后，用地部门依法获得强制征用土地的权力。③ 通告。征地者必须用一张相关的地图描述所要求得到的土地，至少在一份地方报纸上发布征购通告，并且要求持续两周。同时根据征购法令，向所有的计划征购土地的所有人、租户和居住者送达通告。④ 异议与听证。政府主管机构收到相关文件以后，应当征询土地产权人的意见。如果土地产权人对于征地有异议，审批部门需要任命听证员举行公开听证会，并根据听证报告作出征地与否的决定；如果征地申请获批，主管部门发布征地令（强制购买令，compulsory purchase order），对征地令的有效性持异议者可以向土地裁判所起诉请求裁判。土地裁判所独立于法院，也不隶属于行政系统，但组织上与行政机关联系，活动上保持独立性。⑤ 补偿的议定或裁决。征地者与土地所有者及相关利益人经协商达成补偿协议，或由土地裁判所对征购异议作出裁判。⑥ 土地转让合同的订立和补偿的支付。⑦ 征地者进入土地。在完成上述步骤之后，征地者可以进入土地实施开发。

9.1.4 英国的土地征用补偿

英国法律对土地征购补偿的原则、范围和标准，以及补偿价格的支付与安置、补偿争议的处理等都有明确规定。

（1）土地征用补偿原则

第一，以市场价格为基础。第二，征地补偿以价值相等为原则，损害补偿以恢复原状为原则。第三，不因被征购土地的特殊用途而给予土地权利人以额外补偿。第四，土地被征购前，如有违反法律或违反公共利益使用的情形，由此发生的收益在征购价格中不予考虑。第五，在特殊情形下，为了保护土地权利人，土地裁判所可以不考虑市场价格而依据“重置价格”确定补偿价格。第六，给予土地权利人适当的干扰补偿，即考虑因征购打破其正常生活秩序带来不便的补偿。

（2）土地征用补偿的范围和标准

第一，土地（包括建筑物）的补偿，以被征购的土地所有者在公开土地市场出售能得到的价格为计算标准。第二，残余地的分割或损害补偿，其标准为市场的贬值价格。第三，租赁权损失补偿，其标准为契约未到期的价值及因征用而引起的损害。第四，迁移费、经营损失等干扰的补偿。第五，无土地征收情况下的补偿，是指因征地而使周边未被征土地受到的侵害也需补偿。第六，其他必要费用支出的补偿（如律师或专家的代理费用、权利维护费用等）。为了有效落实这些原则，法律还规定了具体的实施条件。

（3）补偿支付与安置

对征地补偿费用和损失有不同的支付方式。

① 征地补偿支付。包括上述6个方面的补偿，可在征地机关占有土地之前或者之后支付。当事人有权要求先期支付，由征地机关在申请之日起3 个月内支付，先期支付的价值一般为补偿金额的90% 。

② 其他损失支付。这是针对征地对居住年满一年的当事人造成不便的额外补偿，包括基本损失补偿和居住者损失补偿两类。拥有或使用土地1年以上的当事人可以获得基本损失补偿（为土地价格的7.5% ，最高不超过7.5万英镑），同时还可以获得相应的居住者损失补偿（为地产价格的2.5% ，最高不超过2.5万英镑）。

③ 利息支付。征地机关若在补偿金额确定前占有土地，必须按照指定的利率支付自占有之日直到补偿支付期间的利息。对于无土地征收的补偿，利息计算自提交补偿申请之日起到支付之日。

④ 安置。征地机构对于土地权利人无法定安置义务，但在通常情况下，会

讨论是否提供安置，若提供安置，则其费用要在补偿费用中扣除。

(4) 土地征购纠纷的解决方式

英国因土地强制征购引发纠纷的解决方式比较复杂，既有政府调查、听证和申诉程序，又有土地裁判所裁判程序，还有法院诉讼程序，目的是公平处理征购纠纷，保护被征地人的土地权利。纠纷解决的基本程序如下。

① 土地强制征购项目经政府确定之后，先由实施强制征购的基层政府公示强制征购令，同时送达被征地人；公示期为3个月，公示期内如果有人对征购项目提出异议，政府要举行调查会或听证会，对政府处理仍有异议的，可以向国务大臣提出申诉；对国务大臣处理仍有异议的，可以直接向最高法院起诉，通过行政法庭审理作出裁判。

② 公示期满没有异议的项目，土地征购官员可以进入被征购土地并与被征地人及相关当事人协商有关补偿事项。补偿价款首先由政府土地评估专员提出，经协商有争议的，则由异议人向土地裁判所提出裁决申请。土地裁判所依照规定程序进行裁决。

③ 经土地裁判所裁决后，双方仍存在争议的，任何一方都可以上诉到上一级土地裁判所申请裁决。上一级土地裁判所经过协调和必要的听证程序，最终进行裁决。

④当事人认为土地裁判所作出的最终裁决所用法律错误或裁判程序不符合规定的，可以向最高法院提出上诉。最高法院对上诉一般只作形式审判，不直接改变土地裁判所的裁决。

9.1.5 英国土地征购制度的特点及问题

(1) 强制征购土地门槛很高，程序严格，不常使用

确认适用强制征购相关的法律门槛很高，强制购买令的取得十分不易。征地部门必须证明该征购项目是一个“令人信服的符合公众利益的案例”，加之财政资源约束，客观条件要求征地部门必须谨慎行事。因此，无论是中央政府，还是地方政府，土地强制购买并不经常运用。

土地强制征购也随着建设用地数量增减而变化。第二次世界大战后至20世纪60年代末，是经济恢复与快速发展时期，也是土地征购的高峰期。自70年代以后，政府进行的贫民区改造、城市综合开发、新城镇建设、交通干线网络建设等逐步结束，对建设用地的需求量大为减少。与此同时，私人的土地开发活动十

分活跃，商业建设土地需求量大增，从而使建设用地市场交易大幅度增加。近些年来，政府有权征用土地的部门，为了尽量避免采取强制征购手段，更多采取同土地的所有者合作或协商的形式获得建设用地。上下级政府之间相互转移土地使用权，也必须同土地征购一样，通过商议，按照市场价格交易。

（2）坚持公平补偿原则，有效保护被征地人土地权利

法律上明确征地补偿的目标，是要确保当事人的任何利益损失都能获得赔偿。征地补偿的范围不仅包括土地及相关损失，同时包括无土地被征收时的损失；不仅包括直接损失，同时也考虑了间接损失；不仅包括征地过程对当事人造成的损害，也包括项目建设及运营过程中造成的损害。此外，征购租赁中的土地，不仅向所有者补偿，还规定赔偿承租者的损失，并充分考虑租赁终止的各种情况，分别予以相应的补偿。

（3）补偿考虑征地预期用途，限制征地后随意改变用途

征地补偿充分考虑征地预期用途，使征地补偿与土地预期用途产生密切的关系，依用途不同，给予有差别的补偿，同时限制征地后随意改变用途情况发生，避免了为减少支付补偿而隐瞒征地用途的行为，维护了当事人的利益。

（4）通俗解读法律条文，方便公众知晓权利义务

目前，英国除了前述主要的法律外，涉及土地强制购买的法律总共达550多项。此外，英国法律繁文缛节很多，一般百姓很难掌握，根据公众的要求，副首相办公室专门编写出版了一套五册的《强制征购土地法》通俗读本，方便群众认识法律赋予自己的权利和依法应尽的义务。

（5）征地过程较长，影响征地效率

如前文所述，英国的征地程序包括申请、发布通告、行政审批、补偿商议、听证、法律裁决等，过程复杂，同时需要与多个土地所有者打交道，将分散土地合并为成片土地实施开发项目。复杂的程序在约束政府征地权的同时，也使得强制征购过程冗长、效率低下。根据2007年国土资源部考察组的考察报告，当时英国强制征购土地的平均时间是：高速公路征地9年，规划征地6年（英格兰和威尔士），住宅征地4年，公用事业征地3年。

9.2　美国的征地补偿制度

9.2.1　美国土地征收制度的形成与表现形式

美国自1776年建国，至今只有200余年的历史，但美国的农村土地制度及征地补偿政策却非常完善，有效解决了工业化及城市化进程中征收大量农村土地问题。美国征地制度的形成，从历史渊源看，深受英国影响。作为英国殖民地，英国保护财产权利的法律制度，特别是社会观念被带到美国；在土地制度上，国王及议会享有征地权，同时给予补偿的做法被移植过来。在独立战争前，美国政府征收土地的权力已经被确认，同时在多数地区需要补偿，但补偿并不是所有地方通行的做法。征地不补偿并非国王特权，也不意味对被征地人权利的无代价剥夺，而是因为当时北美有许多土地所有人能够以极低的价格获取可以代替的土地，如果所征收的土地没有经过开垦，在一些地方的被征地农民，可以利用被征土地建设的道路打通与外界的联系，提高土地的价值，从而不需要政府付出补偿。

从理论基础看，以美国第三任总统、《独立宣言》起草人汤姆斯·杰佛逊为代表的一些政治家明确要求承认政府不能征收私人财产，认为所有关于财产的封建残余都应该被废除。汤姆斯·杰佛逊极力主张完全的私有权，强调土地的所有人应该对其财产拥有绝对的支配权，而对国家没有任何奉献义务。也就是说，土地的所有人不应被看作国家的佃户，财产不应最终被国家控制。他坚持认为，如果国家对土地拥有终极的所有权，民众的自由和财产是不安全的。因为国家随时有索回土地的权力，这可能使民众变得贫困或者沦为农奴。尽管理论界也有许多不同声音，但在当时洛克的自然权利理论影响日益深入人心的背景下，洛克所反复论证的保护私有财产是国家头等重要的事情的观点被普遍认可。不仅如此，美国政府还认识到，私人财产的保护，在经济上对国家和财产所有者都是有利的。因为土地兼有生产资料和资产属性，不仅能带来生产收益，而且能够带来资产收益，而资产收益主要是在交易中实现的。如果土地只归国家所有，则无法入市进行交易，那么潜在的土地资产价值就无法实现，土地代表的财富都只能是死财富，不会成为带来收益和增值的资本。反之，如果允许土地私有和自由买卖，那么人们就会有更大的积极性对土地投资，以便从土地的使用和增值中获得更大的经济收益；政府也可以从频繁的土地交易中获取土地交易税。这些最终将增加整个国家的财富。

从宪法依据看，美国宪法所确立的资本主义经济、社会与政治制度，为其保护包括土地在内的私人财产权利，约束政府权力提供了基本依据。同时，美国是世界上第一个将征收纳入宪法进行规范的国家，1791年《美国联邦宪法权利法案第五修正案》明确规定："非依正当的法律程序，不得剥夺任何人的生命、自由或财产；非有公平补偿，不得征收私有财产以作公共使用。"这里明确规定了政府征地必须同时具备的三个要件，即正当法律程序、公平补偿和公共使用。这三个要件同时构成土地征收的宪法原则。

美国土地征收法律没有统一的法典，除上述《美国联邦宪法权利法案第五修正案》外，调整土地征收关系的法律规定散见于美国各相关法中，如《美国财产法》《美国公有牧地改良法》《美国联邦土地政策和管理法》《美国佛蒙特州土地利用与开发法》等。判例法是英美法系中法律的重要组成部分，但美国土地征收的判例却很少，其原因主要是由于征地产生摩擦需要对簿公堂的问题较少出现。

9.2.2 美国土地征收的宪法原则

为实施联邦宪法第五修正案的规定，联邦宪法第十四条修正案进一步要求州政府必须依据正当的法律程序取得私有财产，并保证不得拒绝法律对公民的平等保护。各州的宪法都有类似的规定。联邦宪法第五修正案规定的宪法原则，不仅内涵得到明确，而且操作政策具体。

（1）正当法律程序原则

正当法律程序原则起源于英国，1215年英国国王签署的《自由大宪章》被认为最早提出这一原则。《自由大宪章》第39条规定："凡自由民，如未经其同级贵族之依法裁判，或未经国法判决，皆不得被逮捕、监禁、没收财产、剥夺法律保护权、流放，或加以任何其他损害。"在美国，各州宪法一般先于联邦宪法，并成为联邦宪法的借鉴，正当法律程序原则在纽约州宪法中首先确立并最终被吸收到联邦宪法修正案中。正当法律程序原则，是指公民权受宪法保障，在法律程序上要确保任何人或团体不能违反理性、武断或反复无常。它包括两个最基本的规则：任何个人在受到惩罚或其他不利之前，应为之提供公正的听证或其他听取其意见的机会；任何人或团体不能成为自己案件的法官。最初的正当法律程序仅指程序性的正当法律程序，在美国司法实践中，又拓展出实质性的正当法律程序。前者是指程序主体为实现预期目标而采用的有关程式、方法、步骤和阶段等法律行为必须正当；后者则指议会的立法目的要公正、合理和正义，政府行为与合法的政府目的有实质的联系并且促进这一目的。两种正当法律程序的实质，都是对政府权力的限制、检验和对个人权利的保护。

这一原则在征地方面具有严格的适用规则：政府机关在获得议会授权后，征收财产的正当法律程序如下。首先，政府必须到法院提出征收申请（有的州要求政府在提出征收申请前，必须尝试与被征收方进行自愿交易），之后，必须就此征收告知所有被征收财产的利益方。其次，法庭就征收申请进行审理，政府必须在法庭上说明自己征收财产的必要性。法庭可以允许政府进入被征收财产进行检查，同时可以要求政府提交保证金。不同的州对这种审判是否需要陪审团有不同的规定。如果要求陪审团审判，陪审团的职责仅限于决定公平补偿的数额；公共使用和征收的必要性由法院裁决。最后，在法院批准征收时，政府必须支付法院认可的补偿金。被征收方如果不服裁决，可以上诉。法院还有权对议会的征收立法是否符合宪法进行实质性正当法律程序司法审查，判定是否侵犯了被征收人的财产权。

（2）公平补偿原则

公平补偿是美国宪法确认征收的另一项基本原则，其目的是对征收这一国家权力进行实质性约束。该原则在各州得到普遍认可，1791年美国宪法修正案第五条生效前后，几乎所有州的宪法都增加了征收私人财产必须提供补偿的规定。按照以格劳秀斯、洛克、孟德斯鸠、卢梭等为代表的自然法学派的观点，财产权利属于自然权利，与生命、自由同等重要。洛克认为："理性，也就是自然法，教导着有意遵从理性的全人类：人们既然都是平等和独立的，任何人就不得侵害他人的生命、健康、自由或财产"（1982）[77]。自然法的理论观点契合了现代民主制度的要求，成为财产权利保护的理论奠基。1789年法国《人权和公民权宣言》第七条规定："财产是社会不可侵犯的权利，除非当合法认定的公共需要所显然必须时，且在公平而预先赔偿的条件下，任何人的财产不得剥夺。"

在上述理论指导下，美国宪法制定者认为征收是为了公共利益而对被征收者所施加的负担，因而要求全社会成员补偿其损失是公正的；否则，被征收者和他人相比，就承受了额外比例的公共负担。另外，公平补偿也有利于政府将征收成本内在化，补偿因此必须支付高昂的成本，必然成为遏制政府过度使用征收权的最有效的手段。假若不存在公平补偿的规定，就可能会激励政府积极地征收更多的土地以降低自己的投入成本，而如此一来，对整个社会来讲，往往是浪费资源和低效率的。

为了将公平补偿这一抽象概念具体化，美国最高法院主要依据公平的市场价值对财产所有者的损失进行评估，因为该财产在公平的市场交易中总会产生一个价格，公平补偿通常即指这个价格所反映的公平市场价值。按照公平的市场价值所规定的补偿金额是一个客观价格而不是主观价格，农地的公平的市场价值由独立资产评估师评估。美国有统一的土地市场，土地市场交易制度体系也很成熟，而且每一块土地的出售时间、位置、面积和价格都由土地管理部门登记在案，评估师计算被征农地的市场价格时，往往会参考近期相似地段、地块农地出售的价格来测算出新的被征农地的市场价格，因此结果比较准确。如果农地所有人不同意评估师的估价，他就需要提起诉讼，并在法庭上向法官或陪审团提出该农地较高产出的收入证据，包括农地销售与购买价格、购买要约、出售要约和专家作证等，以使法官和陪审团相信该农地的公平市场价值比评估师的估价更高，从而可获得更多的补偿。

（3）公共使用（publicuse）原则

公共使用是美国政府行使征收权的前提条件，只有政府征收私人财产的目的是为公共使用的需要，其权力的行使才是正当的。在美国的征收历史上，政府行使征收权被严格限制在公共使用条件下。但随着经济社会发展环境的变化，作为前提的公共使用逐渐演化为公共利益。19世纪上半叶，公共使用的观点占据主导地位，认为所谓公共使用，是要求被征收的财产为公众直接使用或有权实际使用。它包含两种情况：第一，政府使用，如被征收财产用于政府办公大楼、法院、军事基地或其他公益设施；第二，公众有权利使用或进入，如被征收财产用于公路、水电站、学校、医院和图书馆等，反对为了任何公共目的而不论何种公共需要所进行的征收。但是，进入19世纪下半叶，公共使用的观点被扩张为“公共利益”，因其能够给公众带来广泛实惠而成为征收权的依据。按照这一原则，只要符合公共利益或公共目的，能增进公共福利，即使被征收的财产被转让给私人，也应当被允许。美国最高法院对公共使用的司法审查标准也大体上经历了严格限制和宽泛理解两个阶段。19世纪上半叶，洛克的自然权利理论影响深远，财产权的神圣不可侵犯观念深入人心，法院采用严格的限制解释，必然得到社会的广泛认同。然而，随着工业革命的到来，尤其是20世纪30年代经济危机后管制国家的兴起，法院越来越倾向对公共使用作宽泛理解，也就是倾向于“公共利益”。代表这种转变的是美国三个经典型性判例：第一个判例是Berman v. Parker，关于旧城改造的案件，法院最终判决政府可以动用征地权力，将需要改造的旧城区征收并转卖给开发商；第二个判例是Poletown Neighbourhood Council v.City of Detroit，关于经济发展的案件，法院判决政府有权将征来的土地转让给某一家或几家企业，原因是这些企业可以促进当地的经济发展、创造就业机会；第三个判例是Hawaii Housing Authority v.Mmidkiff，关于社会财富再分配的案件，法院判决，如果土地分配极度不均，政府可以用征地对土地进行再分配。这三个案例确立了“公共利益”的内涵：只要满足以下两个条件，征地就满足了“公共利益”的要求：政府征地具有合法的公共目的；征地与达到这一目的有合理的关系（刘向民，2007a）。

9.2.3 美国的农村土地征收与补偿机制

（1）土地规制补偿

进入20世纪上半叶，随着美国城市化进程的加快，农地流失等问题也凸显出来。为了保护耕地，美国政府实施了土地用途管制制度，有学者称之为“土地规制”（刘向民，2007b），是指因政府的经济管制立法、区划及其他土地使用限制而使公民的财产受到较大程度的损失，构成了特别牺牲时，政府应依法予以补偿的行为。美国农地规制的主要内容是通过制定农地保护立法来保护农地。1936年，美国制定了《水土保持和国内生产配给法》，此后又相继制定了《土地政策和管理法》《联邦土地管理法》，以此来加强土地的开发与利用管理。在美国的宪法框架下，土地规制属于政府合法的警察权力（police power）的行使，因而纯粹的土地规制是不需要补偿的，具体包括为了公共卫生、公共安全或者公共利益而对土地财产使用进行的规制。例如，政府有权对工厂的污染进行规制，命令工厂进行整改乃至停产。美国高等法院采用以下方法区分土地规制是否给予补偿。首先是规制给土地所有人带来经济损失的大小。如果规制的结果造成财产的损失过大，则可视为征用，必须予以补偿；如果造成的损害较小，则不算征用。其次是公害和公益的区别。如果政府规制是为了防止公害，则无须补偿；如果是为了获取公益，则属于征用财产，必须补偿。当然，公害与公益也是相对的，也要根据具体情况加以区分。最后是附加条件。在所有者申请土地开发许可时，政府要求加入一个附加条件。这种附加条件通常有利于公众，但对所有者并没有什么好处，此时必须给予补偿。

（2）农地发展权补偿

进入20世纪中后期，美国的城市化已经基本完成，基于进一步协调农地保护、土地财产权利人利益及建设征地的需要，美国于1981年颁布了《农地保护政策法》，将农地划分为基本农地、特种农地、州和地方的重要农地三大类，实行严格的用途管制制度。由于政府要求农地所有者按照规划不对农地进行非农开发，同时不允许出售给土地建设开发商，这样就妨碍了农地所有者分享城市化带来的土地升值的收益，而政府又没有给予农地所有者经济补偿，使农地所有者感觉，政府的农地用途管制制度使他们背上了不公平的负担，侵犯了他们的私有财产权，很多人因此对农地用途管制制度产生抵触情绪。为了补偿农地所有者因农地管制过严而不能分享城市化中土地增值的收益所遭受的损失，美国采取了多种补偿机制来确保农地所有者获得公平补偿。这些措施主要如下。

第一，强制购买。农地所有者因农地或者房屋受经济规制或区划的过度限制，而丧失大部分价值构成管制性征收时，可以向法院起诉，要求政府购买其失去利用价值的地产。

第二，农地发展权的征购和移转。前者是指政府机构基于公共利益或者地区性土地使用规划的需要，以协议方式向农地所有权人购买该土地的特定发展权，以达成限制农地非农使用的政策。政府在取得农地的发展权后，不再对这块土地进行非农业开发，农地所有者则仍然保留农地的所有权并继续耕种，不得改变农地的用途。后者则是由农地使用受限制的农地所有者将其农地发展权转让给受让人，受让人通过交易获得农地发展权并支付对价，可以对自己拥有的土地进行非农业的开发。农地发展权的征购和移转既保证了农地用途管制的落实，也使所有者的土地财产权利得以保护，同时有利于避免因征地补偿而使相邻农场主之间有人因补偿收益过大而带来的收入差距。

第三，农业税收评估优惠。对城市郊区的农地，主要是通过以上强制政府购买、农地发展权征购和转移等措施来弥补农地所有者因规制过严带来的损失；对远离中心城市的基本农地、特种农地、州和地方的重要农地，则给予所有者一定的税收减免或种粮补贴。

9.3 日本的征地及其补偿制度

日本与我国同为东亚小农经济国家，并且属于大陆法系国家，在法律体系特点上与英美法系有很大差别，却同中国法律体系特点有更多共同之处。因此日本的征地补偿制度对我国有特殊的借鉴意义。

日本法律在征地及补偿制度的实质性规定与英美法律如出一辙，即认定正当补偿是公共征地的前提。日本宪法第29条第3项规定：“私有财产，在有正当补偿之下，可供公共所使用。”这里的“公共使用”如何理解？从相关法律具体规定中可以得到答案：如依据《城市规划法》进行的公路等的建设，依据《河川法》进行的水库、堤坝等防洪设施的建设，根据《港湾法》进行的港湾建设等，对公共利益的界定十分具体，操作性较强。实施征地的主体资格必须得到授权。日本征地程序一般包括6大环节：申请征地；登记土地和建筑物；达成征购协议；申请征收委员会的裁定；让地裁定；征收终结。日本征地补偿费的内容主要如下。其一，征收损失赔偿，并按照征地批准时的市场价格计算。其二，通损赔偿，即对权利者因征地而可能受到的附带性损失进行补偿。此外，对被征收者在收益上所受的损失也进行赔偿。其三，少数残存者补偿，即对因征地使得人们脱离生活共同体造成的损失进行赔偿。其四，离职者赔偿，即对土地权利人的雇佣人员因土地被征用而失业时发生的损失进行赔偿。其五，事业损失赔偿，即对公共事业完成后产生的噪声、废气、水污染等造成当事人的损失进行赔偿。此外，征用补偿除采取现金补偿外，尚有换地、耕地开发、宅地开发、代为迁移和工程代办等其他方式。

第十章 征地补偿制度完善模式选择：土地资本等量价值替代

10.1 中国征地补偿制度创新理论的简要评述

总结中国农村土地制度的历史变迁，可以得出以下基本结论。

① 市场经济条件下农民土地产权的内在要求是土地资本权。从产权内容、结构与性质的层面考察，土地产权是所有者的垄断权与自由让渡权，以及以此为基础的土地资本经营权：一方面，土地产权必须能够使自己的主体经营获利，增值价值，这是农民土地产权的根本性经济价值，产权的私利性演绎了所有的产权角逐，也使产权激励成为财产私有制下创造财富的恒久动力；另一方面，土地产权必须属于独立自主的主体，现代意义产权主体的公民权既赋予产权以鲜活的生命意义，使其由资产权变为资本权，走进资本增值的无限循环链条，又由此裂化了旧有的权利与权力结构格局，建立起土地产权制衡国家土地权力的均衡机制。一句话，具有财富增值意义的土地产权，实质上是土地资本权。“资本是构成未来收入流的资产”“资产的自用权利一旦可以有偿放弃和让渡，资产所有者就拥有一个未来的收入来源。这时，‘资产’就转为‘资本’”（周其仁，2001）。这里表述的“资本”最本质的东西是“一个未来的收入来源”，与马克思指出的资本是“增值价值的价值”一致，只是是否需要“有偿放弃和让渡”，不应当看成资产转化为资本的必备条件，由于具备了产权前提，农民的土地资产已经转变成他们的经营资本。土地权利由产权变为资本权，农民才能由生活的农民成长为经营的农民。

② 土地产权-资本循环与增值均衡要求农民成为农业“资本家”（农场主）。从产权与经济增长的关系角度考察，实现土地产权-资本循环与增值均衡，是农民收入持续增长的基本条件。贫穷的实质并不是缺少财富，而在于生活必须持续地消费却缺乏物质财富持续增值的条件。中国农民走出贫困进而走向富裕的关键

是其以土地产权作为基本要素的资本连续不断地积累和扩大再生产，这与马克思指出的扩大再生产需要将剩余价值划分成资本家个人消费和积累两个部分，以及发展经济学家运用储蓄率高低衡量经济发展程度是一致的，只是在这里，资本家变成了农民。这里揭示出一个简单而深刻的道理：农民收入的持续增长，从而农业的持续发展、以农业为基础的社会分工的持续深化，都要求农民成为以土地产权作为资本的农业资本家或者农场主。尽管中国农民的土地经营规模极为狭小，并且他们的资本增值主要来自家庭成员的辛勤劳作而不是来自对他人剩余劳动的剥夺，但只要他们有或多或少地积累，土地资本循环就能够或快或慢地持续。问题的关键是通过何种制度安排才能让经营小规模土地产权的农民创造更多的剩余与积累，在实现资本循环与增值均衡的基础上，进一步走向农民与城市居民在收入方面的均衡。

农民以土地为核心的资本的持续增值，是整个农业、农村与农民持续发展的微观基础，实现农民土地产权-土地资本循环与增值均衡，也是发展现代农业的基本前提。

③ 土地产权-土地资本循环与均衡以打破超经济强制为条件。从产权的外部结构分析，在已经走出等级特权社会的当代中国，对产权构成最大威胁的并非来自他人的侵犯，而是源于超经济强制，是基于国家政权对产权的剥夺与侵害。只要有任何超经济强制形式的存在，就不可能有经典意义的土地产权与之“和平共处”，土地产权作为资本循环增值的运行链条就会被阻断或者迟滞。

④ 按照市场经济“纯粹经济的权利”的要求设计农村土地产权制度，是未来中国农村土地制度创新的基本思路。从权力与权利结构演替的视角考察，中国社会自古代向近现代演化中的土地制度，是超经济强制与土地产权博弈中此消彼长的历史进程，这个进程恰好与土地制度安排经济绩效高低的轨迹相重合。尽管实行农村家庭承包经营以来，农民私人土地产权保护实现了历史性飞跃，但超经济强制并未彻底敛迹，尤其是建设征地补偿领域的超经济强制仍然普遍存在，所构成的产权损害与效率损失足以证明这种超经济强制自身的非正当性。农民土地产权向“纯粹经济的权利”回归的根本任务：一是使土地真正成为农民自主支配的资产、商品和经营资本，最大限度地发挥土地要素的价值增值功能；二是将土地产权从超经济强制的驱使下彻底解放出来，构建农民土地产权制衡国家土地行政权力的运行机制，进而加速培育现代农业主体的步伐，重构农业、农民与政府关系的格局和发展现代农业的动力系统。

10.2 以土地产权-资本循环与增值均衡为目标的农村土地产权制度完善

10.2.1 以土地产权-资本循环与增值均衡为目标的农村土地产权制度创新

(1) 已有的研究结论与农村土地所有权经营权制度再创新面临的任务

关于农村土地所有权与经营权制度安排，本书第6章的讨论已经澄清了下述问题。

① 从1978年至今的农村家庭承包经营及与之对应的土地产权制度创新，本质上是对从人民公社体制延续下来的传统农村土地集体所有制及其包含的产权关系的改造，这一进程的巨大成就集中体现在集体所有制下农民土地承包经营权的取得，以及这一权利由最初的债权性质到被赋予物权属性。

② 在我国《宪法》原则规定之下，从《民法通则》到《土地管理法》，再到《物权法》，正式制度中关于农民集体所有土地的终极所有权到底属于集体组织所有，还是属于作为集体组织成员的农民共有问题的规定并无实质意义的突破；学者们关于完善农村土地产权制度的讨论，除了直接提出坚持集体所有或者实行私人所有的主张以外，那些“永佃制”、“永包制”、承包经营权“物权化”、“股份合作”等关于经营权的不同主张，实际上同样都聚焦在“集体所有”的产权如何改造上面，“集体所有”的进一步界定成为落实农民土地产权必须逾越的最后堡垒。

③ 各种抛开所有权而从承包经营权层次进一步突破的主张均缺乏法理学依据，因为承包经营权作为用益物权，无论其多么强大，也不能改变所有权在产权中的核心与控制地位；各种关于土地私有的设计由于风险较高而预期收益不大，在实践上也不可行。

(2) 农村土地集体所有由“传统”向“现代”转变的制度创新选择

土地产权制度创新必须与经济关系变革相适应。未来市场经济下农村土地产权制度真正实现从“传统”向“现代”的转变，要求依据物权法原理赋予土地产权 “纯粹经济的权利”的内容，在此基础上，重新界定农民土地物权与政府土地行政管理权的关系，使农民土地产权成为土地资本权。这一过程的实质是农村土地关系由行政管理关系为主向财产经营关系为主的转化，是以物权法方法统驭农村土地产权关系逐步取代以行政方法调整土地产权关系的进程，说到底，是农民现代土地物权体系的构建过程。按照上述要求，创新农民土地集体所有制的制度安排可以概括为以下几点。

① 确认农民集体土地属于集体内部农民共有。“如果能够将集体所有明确定义为集体成员共有，这里的理论与实践问题就全部迎刃而解了”（王春平，2002）。韩俊则进一步提出：“建议将土地农民集体所有制明确界定为农民按份共有制，每一个农民都享有按份分割所有权的权利，即有权合法继承、转让、抵押或者赠送等”（2003），这与前文所述邓伟志、王景新主张的农民土地股份合作制有许多相通之处。这种界定的可行性在于如下几点。

第一，明确界定了农民集体土地的终极所有者。土地的农民集体所有不同于社团所有和与之类似的“俱乐部”所有，农民集体组织不同于社团，没有超乎成员利益的其他目标；集体所有与古老的公社所有差别更大。因此，现行的集体所有制并不是一种土地终极所有制形态，没有明确集体与成员的关系，在这种制度安排下，乡村干部以集体组织名义侵害集体成员土地权益的现象难以遏制，与所有权相关的问题也难以解决。确定集体成员为集体土地的终极所有者，农民土地产权才会在所有权层次得到落实，基于共有土地产权的集体成员共同决策权和集体收益公平分配权才得以实现。

第二，为建立新型农村合作经济奠定了产权基础。关于农民共有与集体所有的关系，著名法学家江平曾明确肯定现行法律规定的“农民集体所有权不是共有”。但这里强调的是不能逾越立法本意对现行法律规定作出曲意解释，并没有直接表明其个人是否反对从法律上将集体土地进一步规定为农民集体共有。本研究所指的“集体内部农民共有”也不是对法律规定的一种学理解释，而是对相关法律制度创新的建议。现行的集体所有制脱胎于计划经济时期，在确立依据上，意识形态的考虑大于经济效率和财产权利的标准。适应体制变革的要求，创新土地制度，明确集体所有与集体成员的关系确有必要。将集体所有明确为集体内部农民共有，不应当理解为一种变相的“私有化”，而是以此为基础，把农村集体经济建设成为真正意义上的农民合作经济。

第三，为农民土地产权变动提供了明确的物权依据。如前文所述，我国《农村土地承包法》实行的以集体成员身份变化作为其集体土地产权得失条件的制度，保留着明显的计划经济色彩。由于缺乏物权法上的依据，并且在户籍制度规定日益宽松、传统户籍观念日益淡化的背景下，集体成员身份关系越来越难以确定，由此而来的矛盾纠纷就属于制度内在的“基因症”而无法避免。特别是在土地产权变动的物权原因与身份原因两种截然不同的依据并存之下，使得原本应当确定的土地物权内容难以琢磨，无法确定。如《农村地土承包法》第二十六条第三款规定："承包期内，承包方全家迁入设区的市，转为非农业户口的，应当将承包的耕地和草地交回发包方。承包方不交回的，发包方可以收回承包的耕地和草地。"其实质是剥夺了农民对土地的处分权，这种没有处分权的土地产权，成为侵蚀中国农村土地物权的极大诟病。同时，该条规定以户籍转入地为"设区的市"作为收回承包地的地域标准也很牵强。与之相反，在集体土地成员共有的制度安排下，农民取得了完整的土地产权，可以自主流转，土地产权变动的原因很容易被纳入物权体系，它"有利于农民土地使用权和收益权的分离，既保障了农民对土地的收益权，又有利于农民转变身份，加速向二、三产业转移"（韩俊，2003）。

第四，为农民土地产权制衡政府土地行政权提供了物权制度保障。市场经济是民主经济，是市场主体权利本位的经济，"将集体所有确定为集体成员共有，目的就是真正强化农民的土地物权，让他们的权利硬起来。在多数农民看来，土地就是他们的命根子，赋予他们以土地物权，他们就会像捍卫生命一样捍卫土地权利，制衡土地行政权力也就有了保证"（王春平，2005）。以权利约束权力，才能确保政府征地行为的规范性，才能彻底打破凌驾于土地产权之上的超经济强制。由于农民同样具有经济理性——如果这个假设前提是正确的，那么，农民自主的土地经营安排与权利处分就应当是土地产出效益最大的安排与处分方式。

② 明确规定以物权原因作为农民土地产权取得和消灭的依据。目前应当早做决断，允许农民集体组织在今后一个确定的日期，将集体的土地按照平均股份形式划分给现有的集体成员，此后的新增人口不再因出生或者户籍加入取得土地承包权，而是通过土地股权转让有偿取得土地使用权。为了保护本集体经济组织内部产权关系稳定，法律可以规定，集体成员离开本集体时，只能将所享有的土地股权出让给本集体组织的其他成员，或者规定转让给本集体成员以外的人在程序上必须经过本集体2/3以上成员同意。

③ 改造农民集体经济组织为典型合作经济组织。集体土地等资产属于集体成员共同所有之后，就具备了将集体经济组织改造为典型合作经济组织的基本条件，可以区别不同情况，确定这种社区型合作经济组织的法律地位：符合条件的，设立为法人制合作经济组织；不具备条件的，设立为非法人的合作经济组织，由集体组织成员对合作经济组织的债务承担连带责任；新的合作经济组织投资建立的其他企业，按照企业法的规定确定其性质与责任形式。近年来，广东、海南、上海郊县的土地股份合作制方式发展迅速。在土地股份合作制下，每个农

户拥有一定的集体土地股份，但这种股份并不具体对应相应的地块。"这样一来，集体所有制被个人化了，但个人化之后的产权并没有对经营规模的扩大形成约束，因为集体可以将土地统一发包给当地或外地的农民。因此，土地股份制是解决土地的法律所有权与占有和经营权之间矛盾的一次成功的尝试"（姚洋，2004）。与农村家庭承包经营同样，土地股份合作制也属于一种诱致性制度变迁，已经在部分地区农村率先成为生产关系领域的现实，呼唤法律制度创新与之相适应。

10.2.2　以土地产权–资本循环与增值均衡为目标的农业支持政策创新

① 农户土地产权–资本循环与增值均衡是持续农业的微观条件。中国农民的贫困，源自他们的土地资本积累与扩大再生产能力低下，因而无法实现以土地为基本生产要素的资本经营增值过程的持续。发展经济学家认为："资本形成大小是发展中国家经济发展水平高低的关键。"（陶文达，1994）在发展经济学理论中，资本的来源是储蓄。如果用Y表示国民收入，C表示消费，S表示储蓄，I表示投资，则用公式来表述如下。

从供给方面看：

$$Ys = \text{消费} + \text{储蓄} = C + S$$

从需求方面看：

$$Y_D = \text{消费} + \text{投资} = C + I$$

当国民收入处于均衡状态时，$Ys = Y_D$，即$C + S = C + I$，可得$S = I$，即

$$S = Y - C$$

以上公式说明，国民收入处于均衡状态的储蓄S与投资I相等，它揭示了储蓄是资本形成的条件。储蓄来源于生产剩余，没有剩余就没有储蓄，就没有资本形成；储蓄越少，资本规模越小，直接的后果是国民收入的萎缩甚至负增长。反之亦然。那么，进一步展开的资本积累与扩大再生产的条件是什么呢？本书第8章阐述了马克思关于社会资本扩大再生产的均衡条件

$$\text{I}(c + v + m) = \text{I}(c + \Delta c) + \text{II}(c + \Delta c)$$

$$\text{II}(c + v + m) = \text{I}(v + \Delta v + m/x) + \text{II}(v + \Delta v + m/x)$$

上述公式表明，社会资本扩大再生产实现条件，从积累角度看，核心是剩余价值在数量上足以保证Δc与Δv的存在。也就是在保证剩余价值有可供投资人正常的消费增加之外，还能够留下部分剩余价值用于追加的不变资本和可变资本。

在个体农户那里，虽然没有严格意义的"剩余价值"，他们却能够通过提高

土地劳动生产率、扩大经营规模和增加劳动投入为自己带来更多的剩余产品。这里没有农民对他人的剥夺，更为重要的是不允许包括政府在内的任何其他主体对农民土地经营收益的剥夺。没有了剥夺，留下的却同样是土地产权-资本循环与增值均衡。这种均衡既是农民持续增收的条件，也是农业经济持续增长的微观基础，同样也是支持农业政策安排的目标。

② 不同的农民土地资本经营增值目标下的支农政策模式选择。从农民土地产权保护与农民主体社会公平的不同目标出发，支农政策有两个目标可供选择。

第一，以农民土地产权保护为目标的支农政策。农民土地产权及农民土地经营投资的私人性质，决定了土地产权保护的最低目标是破除所有强加于土地产权之上的超经济强制，保证农民围绕土地产权的经营性投资收益不产生任何外部经济效果。循着这一目标具体分析，在农民以土地为对象的资本投资中，有的属于纯粹的公益性投入，属于纯公共物品，如乡村道路建设、生态性植树造林等；有的则兼有私人投入和公共投入属性，如农田基本建设、农村水利建设、经济林及薪炭林栽植培育、无公害技术采用等。上述由农民投资的纯公共物品无疑应当由政府全部承担，准公益性物品则应当由政府按照比例承担。还有一些虽然不是农民直接对土地的投资，却是由农民经营土地承担的公共职能，如农村土地的社会保障职能，应当创造条件，让它逐步从农民土地职能中分离出来，纳入公共物品供给体系。

设纯公益性投入有 n 种，每一种的投入分别为 C_i，总的公益性投入记为 sc，则

$$sc=\sum_{i=1}^{n}C_i$$

设准公共品投入有 l 种，每一种的投入分别为 P_i，总的准公共品投入记为 sp，则

$$sp=\sum_{i=1}^{l}P_i$$

这样，农民为政府承担的关于公共品的总投入记为 TI，则

$$TI=sc+sp$$

如果政府承担了这部分投入，农民就可以将 TI 的资本投入到扩大再生产中，这样就会使得农民收入增加。不妨设农民的生产函数为

$$Q=AK^{\alpha}L^{\beta}$$

其中 K 表示农民总收入 I 中除了自己消费 C、储蓄 S 和上述的公益性总投入 TI 以外投资在土地上的资本。如果公共品由政府来提供，且假设农民将省下

来的TI的资本投入到土地上，进一步假设劳动力投入不变，这样，农民的产出就变成

$$Q' = A(K + TI)^{\alpha} L^{\beta}$$

所以，$\Delta Q = Q' - Q$，收入变化为

$$\Delta I = \Delta Q \times P$$

当然，这需要假设产量增加没有引起产品价格变化。

第二，以农民与市民收入差距逐步缩小为目标的支农政策。统计结果显示，2000年全国农民人均纯收入为2253.4元，2006年为 3587.0元，设2006年较2000年的发展速度为R，年均发展速度为$\bar{R}$，则

$$\bar{R} = \sqrt[6]{R} = \sqrt[6]{\frac{3587.0}{2253.4}} = \sqrt[6]{1.6} = 1.0811$$

年均增长速度为100×（1.0811－1）%＝8.11%。另一方面，2006年全国城镇居民人均可支配收入为11759元，比2005年增长12.1%；2005年城市居民人均工薪收入为7849.05元，比2000年增长62.2%，年均增长10.2%，同期的城市居民人均年收入增长率高于农村2.1个百分点；2006年城乡居民人均收入之比为3.03:1，这种巨大的收入差距不仅背离社会公平的价值目标，而且直接影响经济结构的均衡与农业的长远发展。因此，在长期支持农业的政策选择上，应当将目标放在逐步缩小农民与市民收入差距，给予农民以超产权的支持，就是在国家承担农村公共物品与准公共物品供给的基础上，进一步对增加农民收入实施额外支持，这种支持在数量上的具体要求是：农民人均纯收入增长速度高于市民人均可支配收入增长；农民人均纯收入水平逐步接近市民的人均可支配收入水平，并最终实现两者一致。

10.3　以土地产权-资本循环与增值均衡为目标的建设征地补偿制度完善

截至2006年10月底，全国耕地面积为1.218亿公顷，比上一年净减少30.7万公顷；人均耕地为0.093公顷。而在10年前的1996年，全国的耕地数是1.30亿公顷，人均耕地为0.106公顷。10年间耕地减少了827万公顷。这意味着，要完成《国民经济和社会发展第十一个五年规划纲要》中1.2亿公顷耕地保有量的硬性指标，今后我国耕地减少量必须控制在180万公顷以内。这是一个艰巨的任务。虽然政府肩负着保护耕地的重大使命，但强烈的政绩冲动无法遏止地方政府对建设用地的巨大需求。例如，沈阳市“十一五”发展规划的城市面积是450平方公

里，几乎比经历数百年建成的现城区面积320平方公里多出50%，国内其他城市的建设雄心也并不逊于沈阳。这说明依靠政府自身的努力约束政府建设征地行为，在运行机制上并不可行。建立能够持续发展的建设用地供求机制，最有效的办法是依靠农民的土地产权制衡政府土地行政权，即征地权。

产权机制的实质就是依据市场规则的等价交换机制。农民土地产权能够制衡政府征地权的原因，在于当农民土地产权受到充分保护时，建设征地过程不再是单纯的强制与剥夺。政府所代表的国家被明确地划分为两种身份：国土管理者与土地产权所有人；建设征地行为也由此分为土地行政管理和土地产权取得两个过程，后者因此而成为平等主体间的土地产权交易，它遵循等价交换原则。

按照经济学的一般原理，等价交换的产权激励功能最大；等价交换的产权配置功能最大；等价交换能够实现帕累托最优（Pareto optimality）。经济学家茅于轼认为："现代经济学所得到的最主要的结论是平等竞争的自由市场能导致各种资源的最佳利用。经济学在一般领域内的最主要功能就是保卫经济自由"（1999）。如前文所述，低价征地损害的不仅是农民的土地权益，而且会直接或间接地造成建设用地效率的损失。正如曲福田指出的，不完善的土地市场体系导致的土地价格扭曲，是引起农地非农化配置效率低下、农地过度非农化的主要原因（2004）。现在的问题是：无论是商业建设抑或是公益建设征地，都处于国家控制之下，征地补偿上的价格也不完全由市场机制形成，那么，依据什么确定市场价格基准？什么是优惠价格？土地产权的价值构成因素是什么？

10.3.1 建设征地"等价交换"原则下补偿价格确定基准的理论观点讨论

关于如何确定建设征地补偿价格基准的探讨，是论者们近年来热议的话题。谭荣、曲福田运用生产函数方法，测算现阶段农地非农化配置方式效率损失，指出：现阶段农地非农化的配置方式是首先经过政府征用农村集体所有土地，然后由政府以划拨或出让的方式将土地使用权转让给用地者，完成农地向建设用地的转化过程（农地非农化）。在这个过程中，政府对土地价格的干预造成了农地非农化配置上的效率损失。因为政府建设用地供给的方式为协议、招标、拍卖和挂牌，其所对应的价格依次递增，但只有拍卖和挂牌才基本接近市场竞争价格；而且还存在一种无偿的转让方式：划拨。这样，完全市场竞争价格与实际的政府土地出让价格之间的差额构成农地非农化配置方式效率损失。他们首先采用边界生产函数模型作为衡量经济发展的生产函数模型，其基本函数表达式为

$$Y_{it}=f(x_{it},b)e^{v_{it}}e^{u_{it}} \quad 或者 \quad \ln Y_{it}=\ln f(x_{it},b)+v_{it}+u_{it} \tag{10-1}$$

其中，i代表第i个省份或地区；t代表时间；Y_{it}代表产出；x_{it}代表按照地区和时间分的$1\times k$阶矩阵的投入；$f(x_{it},b)$代表潜在的（或最大的）产出；v_{it}是随机变量，代表生产过程中不可控制的因素对生产影响的作用；u_{it}是半分布的形式，$u\leqslant 0$，代表生产的效率损失。在式（10–1）中，在v_{it}作用下，$f(x_{it},b)e^{v_{it}}$是随机生产边界，u的非正分布表示生产总是存在效率损失。同时，式（10–1）假定对于$t\neq t'$和$i\neq i'$，u_{it}与u'_{it}是独立的。

为衡量由于政府干预市场造成的农地过度非农化及其生产效率损失，最终确定的因变量为*GDP*，用来衡量经济增长；自变量为资本、劳动力、土地，还有衡量农地非农化市场配置效率的变量，以及常数项和随机扰动项，技术进步等因素可以包含在常数项中，本书因为研究目的而不将其分解出来。具体的函数形式为

$$\ln GDP_{it}=\ln CAP_{it}+\ln LAB_{it}+\ln LAND_{it}+LMT_{it}+C_{it}+v_{it}$$

其中，*GDP*代表国内生产总值，*CAP*代表资本投入量，*LAB*代表劳动力投入量，*LAND*代表农地非农化的数量，*LMT*代表农地非农化市场配置程度，*C*是常数项，v是随机扰动项。

衡量农地非农化配置方式效率损失的公式为

$$IE=1-GDP/GDP'$$

其中，*IE*表示效率损失，*GDP*为实际国内生产总值，*GDP'*为情景中效率最优时的国内生产总值。

研究结论认为，全国的农地非农化过渡性损失在1989—1996年和1999—2002年共计184234公顷，占这两阶段农地非农化总数量的11.2%，总体上有增加的趋势。

上述研究的价值在于明确将建设用地出让的正常价格定义为完全市场化出让价。实际上，即便是协议出让价格也大大高于政府给予农民的征地补偿价格。上述研究结果间接地说明，在以往的建设用地征收（征用）过程中，农民是最大的被剥夺者，而部分开发商则是最大的赢家。但该研究仍不能直接说明建设征地中农民获得补偿的计算标准。

刘慧芳从资源经济学角度，给出的农地价格公式为

农地征收价格=农地质量价格+农地社会价值量化值

其中，农地质量价格是农地在不改变用途的前提下，在农业内部流转的使用权价格；农地社会价值量包括农地社会保障价值和农地为社会提供粮食安全的社会稳定价值（2000）。

在2002年中国土地学会土地经济分会第二次学术分会上，有学者认为，农

地征收价格是农地资源价格和社会保障价格之和；还有学者认为，征地价格等于农用地价格加土地转用后增值的区段平均值的分割值。社会保障价格实际是征地后用途改变发生的土地增值反映，其实质是土地增值（唐健，2002）。

刘燕萍认为，中国征地补偿已具有强烈的市场化倾向，按照土地的市场价格对农民集体进行补偿已成为发展的必然趋势（2002）。在此，作者只给出了确定农地征收价格的思路，并未明确征地价格的内涵。

对以上观点，高延娜、朱道林（2006）认为，以往的农地征收价格，特别是从资源经济学角度确定的农地征收价格，单纯以农地为对象，只考虑被征地方的物质损失，不考虑农地在中国的特殊性，以及“经济人”追求预期收益的本质特点，这样确定出的农地征收价格内涵是不完整的。他们认为，从产权构成看，有

农地征收价格=土地所有权、使用权+社会保障权+农民发展权

从微观经济学看，有

农地征收价格=生产资料价格+生活资料价格+合理预期

以上理论探索的理论意义在于如下几点。

第一，从征地补偿的不同视角，进一步揭示出农民土地的产权的内涵，特别是强调了产权中包含的社会保障权、农民发展权等权利，对现行土地管理法确定的仅仅以耕地农业用途的倍数为征地补偿价格基准提出了挑战，为通过征地补偿制度创新，确定更符合农民土地产权实际价值的补偿价格提供了参考依据。

第二，虽然没有直接触及公益建设征地补偿问题，但都不约而同地将两种建设征地补偿作为同一个问题讨论，反映出共同的理论倾向，即不再将两种征地的补偿区分开来而是统一对待，这对寻求解决公益建设征地中损害农民土地权益问题的思路有很大的启发意义。

上述理论观点的实践意义在于，直接推动了征地补偿标准的提高和失地农民社会保障体系的建立。

但是，由于论者对于农民土地产权内涵的理解只停留在资产权利的层次，使得各种主张既难以与土地“纯粹经济的权利”的现代产权要求相一致，又难以为未来国家建设征地补偿制度创新提供坚实而长久的理论支撑。

10.3.2 基于资本替代的国家建设征地补偿制度完善对策

论者们上述观点的共同缺陷在于没有旗帜鲜明地将土地产权作为农民赖以经营增值的资本权。恰恰是土地产权作为农民资本权的属性，决定了国家建设征地补偿的基本要求：土地产权作为农民的经营资本，要求建设征地的补偿能够成为一种替代资本，也就是以等量的其他形式的资本替代农民的土地资本，补偿的标

准是保证农民以另一种资本经营方式继续同样的循环增值过程；土地产权作为农民的经营资本，属于农民的经营垄断权利，农民在自己的土地上有权经营农业，在农地转用时，也有权经营工商业，说明这里的增值不应当仅仅是经营农业的增值，而应当是包括经营工商业的增值。

基于资本替代原理，可以采用两种方式确定征地补偿的数量基准。

（1）依据征地造成农民土地资本经营损失计算的征地补偿标准

征地之前，农民自己经营土地资本的过程，与一般的资本经营增值没有质的区别，只是经营对象与内容的差别。这种经营同样需要土地投入、劳动投入和货币资本投入。按照征地补偿必须达到等量资本替代等量资本的标准，可以首先具体计算征地给农民带来的资本损失，将所有损失累计起来，就是应补偿的价格，属于累计计算方法。这种计算方法是以农民仍然经营农业为基准确定的。

① 土地要素的损失。土地作为农民的生产资料，是价值增值的基础，被征占后，给他们带来的是“一个未来的收入来源”的损失。土地要素的损失可以通过土地年收益水平（地租）与年利息率之比计算出来。

② 土地自身价值增值的损失。这里是指土地仍然用作农业的地价增值，作为工业用地计算时，方法与此不同。马克思明确指出：“土地价格……有上涨的趋势”（2009b）[703]，这一结论已经被实践印证。这种损失也可以通过地租的增长计算出来。

③ 农民失去经营农业机会的劳动力资本损失。土地既给农民创造了就业场所，也培育了农民的农业职业技能。失去土地，使得农民原有的农业技能价值在职业转换中变得几乎一文不值，因而造成人力资本的损失。美国著名经济学家西奥多·舒尔茨认为，人力资本是体现在劳动者身上的、以劳动者的数量和质量体现的非物质资本。同物质资本投资一样，人力资本也是通过投资而形成的。西奥多·舒尔茨主张，在对人力投资进行计量时，“是用它的产量而不是用它的成本来计算”（1990）。当失地农民以自己的劳动能力作为资本参与非农就业竞争的时候，蕴藏在他们身上的人力资本也就是劳动力商品价值就发挥了至关重要的作用，“具有决定意义的，是这个商品独特的使用价值，即它是价值的源泉，并且是大于它自身价值的源泉”（马克思等，1995）[184-185]，失地农民为顺利适应新职业的要求，必须付出相应的职业培训费用。此项损失可以通过一定的职业技术培训所需费用计算出来。

④ 农民从事新职业的失业风险损失。相对于从事第二、三产业而言，农民在自己土地上就业风险系数最小，转移就业不仅要求具备新的职业技能，而且带

来较大的职业风险。农民的受教育程度、私人储蓄水平及以此为基础的投资能力等，使他们在非农就业市场竞争中更加处于不利地位。而农民劳动力资本经营与增值的循环链条一旦断裂，就会陷入另一种可怕的循环：失业—收入水平下降—劳动力资本再生产能力降低—低水平就业—失业……，因此，失业风险损失是征地补偿必须考虑的因素。

⑤ 农民养老保障损失。在自己经营的土地上，可以劳作到70岁，甚至更大年龄，即使没有太多的盈余，也形成了尽管传统却很实用的自老自养机制。失去土地后，他们非农就业的年龄只能达到50岁至55岁，在目前社会养老体系尚未真正建立的背景下，失地即意味失去养老保障。

⑥ 其他损失。包括房屋动迁、其他附属建筑物或构筑物拆迁损失和青苗损失等。

设国家建设征地的补偿价格为P，这个补偿价格等于农民因征地导致的各项损失的总和。其中，设土地要素损失为L_1，土地自身价值增值损失为L_2，农民劳动力损失为L_3，农民失业风险损失为L_4，农民养老保障损失为L_5，其他损失为L'。以上各项损失之和构成从农民征地损失计算的征地补偿价格，即

$$P=\sum_{i=1}^{5}L_i+L'$$

需要说明的是，将征地给农民土地产权带来的损失归结为以上6个方面的依据是物权法定原则。我国《物权法》第二条第三款规定："本法所称物权，是指合法权利人依法对特定的物享有直接支配和排他的权利，包括所有权、用益物权和担保物权。"资本经营权是所有权和用益物权的表现形式。在上述6个方面中，前两项属于所有权损失补偿；中间三项属于与所有权相联系的资本经营权损失；最后一项为他项损失。其前提是按照土地的农业用途计算，因此，仅仅依靠前两项不能容纳因征地给农民造成的全部产权损失，这里不存在重复计算问题。但如果按照建设用地价值补偿，前两项则包含了资本经营权的全部损失，因而不需要另外计算。

（2）依据征地带来农民土地资本增值计算的征地补偿标准

征地使耕地由农用地转为非农用地，地价因此大幅度上升。按照"涨价归农"的原则，凡是属于土地转用带来的涨价因素，都应当归农民所有。这样，依据征地带来农民土地资本增值计算的征地补偿标准，就可以由建设用地土地出让价格扣除各种土地价值以外的涨价因素获得，这种计算方法属于扣除方法。这些扣除因素包括以下两点。

① 政府配套建设城市公共设施（如道路、照明设施、供水、供电、供暖等设施）的投入。尽管这些投入属于公益性支出，但纯粹是为土地转用增加的，如果该被征占土地仍作为农用，将不会有这些投入。

② 政府为失地农民提供转移就业培训的部分费用。因为在自主的产权交易中，双方付出与获得是等值的，农民职业技能损失在土地出让价格中已经得到补偿，政府没有承担补偿私人自主交易损失的义务。当然，职业培训作为准公共产品，政府还是应当负责其中适当比例的。

设国家建设征地的补偿价格为P，政府配套建设城市公共设施投入为I，政府为失地农民提供转移就业培训的部分费用为F，市场价格为P_0，则设国家建设征地的补偿价格计算公式为

$$P = P_0 - (I + F)$$

在上述两种计算方法中，前一种补偿可能仍然低于市场化的补偿，但由于补偿标准计算从土地资本经营损失出发，增加了必要的补偿项目，与现行的征地补偿标准比较的进步意义在于：明确了补偿标准的产权依据，为从根本上解决征地补偿问题提出了“一揽子”的可行方案，将有效地避免被征地农民“失地致贫”和一系列隐性矛盾，但仍不属于完全土地产权保护的补偿方式；后一种补偿计算方法则属于完全市场化标准，直接体现了征地造成的农民土地产权损失，是彻底破除政府超经济强制的补偿标准。本书之所以仍然提出前一种方式作为选择方案，在于它属于过渡性的补偿措施，基于操作上的考虑，仍可以适用。

10.3.3　基于农民土地产权自主经营的农村耕地转用方式完善思路

2004年《宪法》修正案关于征地制度所作的修正，将原来规定的国家建设“征用”土地改为“征用或者征收”，寥寥数字之变，却为改变以往单一的建设用地征收及补偿制度，创新农村耕地及其他土地转用形式开辟了空间。按照《宪法》规定，除了公益建设用地必须征收为国家所有并依法予以补偿外，商业性建设使用原农用地的，应当允许农民以土地产权人的身份自主决定转用土地的产权变动方式。

① 以租用的方式，自主与开发商订立土地使用权出让合同。土地所有权不变，使用权由开发商行使，农民收取租金，并在租赁期满时，收回使用权。这种土地租赁关系对农民带来的土地收益风险最小。

② 以土地使用权入股的方式共同建设，共同经营，共享收益，共担风险。采用这种方式，农民土地产权的收益率提高，但土地产权风险随之增大，土地产

权作为风险责任产权，在债务危机时可能丧失。

③经政府批准由农民集体自行组织工商业建设，如农民在转为建设用地的本集体土地上建设商品房出售等。

上述建设用地中农民土地产权变动的方式，在许多地方已经被采用。这里提及的目的不在于通过实证说明其应用效果，而是要指出这些方式的共同特点与创新价值在于农民对自己土地产权的完全自主性，以及土地资产收益的完全自益性。这种取向的耕地转用方式创新，无疑代表了未来建设用地中农民土地产权保护制度变迁的方向。

农民完全自主土地产权下的政府控制如何保证？国家总是强权者，即便土地产权上的超经济强制被彻底击碎，政府控制建设用地供求关系的能力也不能被丝毫削弱，只是需要以新的方式构建农民土地产权与政府土地行政管理权的均衡。

第十一章　程序公正视角的征地补偿制度完善

11.1　征地及补偿纠纷处理程序存在的问题

11.1.1　我国关于土地征收程序的规定

我国《土地管理法》《土地管理法实施条例》对土地征收程序作了较为详细的规定。根据上述法律和行政法规的规定，我国的征地审批权和农用地转用审批权集中到国务院和省两级政府，县、市政府只有执行权，起到约束土地征收、防止耕地流失的作用。我国的征收程序可分为4个阶段，即建设单位申请、拟定补偿方案、政府核准方案和拨付发证。从表面看，其程序与其他国家差异不大，但在具体规定和实质内容上，却存在着较大差距。

11.1.2　我国土地征收程序的缺陷

（1）征收程序设计缺陷

有关土地征收程序的立法比较简单、粗糙，在许多具体的制度设计上，存在漏洞。具体表现在以下两点。

第一，土地征收目的合法性审查没有被纳入程序中。土地征收目的必须合法，必须是为了公共利益需要才能征收土地，这是国际上通行的原则，也为我国法律所接受。但这一原则在实施过程中却受到了严重扭曲，表现在以下两个方面。

一方面，我国对公共利益的界定不够明确。现行立法对"公共利益"语焉不详，仅做出了概括性第一款规定，为征收权的膨胀和滥用提供了可乘之机。《物权法》第四十二条规定："为了公共利益的需要，依照法律规定的权限和程序可以征收集体所有的土地和单位、个人的房屋及其他不动产。”这一规定强调了“公共利益的需要”，但对何谓“公共利益”却只字未提，无法为“公共利益”提供把握尺度，极易成为政府扩大征收范围的借口。更为甚者，《土地管理法》第四十三条规定：“任何单位和个人进行建设，需要使用土地的，必须依法申请使用国有土地”“前款所称依法申请使用的国有土地包括国家所有的土地和国家征收的原属于农民集体所有的土地。”这实际上将公共利益的界定无限扩大，严重侵害了农民的合法权益。

另一方面，公共利益在程序上没有保障。土地征收目的审查机制，既包括土地征收申请批准前，有关机关对土地征收目的合法性的事前审查；也包括土地征收被批准后，被征收人认为土地征收目的不具有合法性时的救济机制，可以称为事后审查。

我国现行立法没有充分考虑征地利害关系人的利益，未赋予其广泛的参与权；土地征收审批程序中没有征地目的合法性的专项审查，在征地公告中也没有征地目的合法性的专门说明；当集体或农民对公共利益的认定存在疑虑，对征收的程序存在异议时，却缺乏合法有效的救济方式。这种现状造成的直接后果是，无论是在实际操作中，还是在观念上，都淡化了对征收土地目的合法性这一基本前提的重视，导致一些经营性用地也采用征收方式，从而严重侵害了集体土地所有权和土地承包经营权。

第二，缺少对行政机关的监督机制。在我国，行政机关既是土地征收的决定者，也是执行者，处于绝对优势地位，必须严加监督，防止权力滥用。但我国现行土地立法并没有规定必要的监督机制，如在征地范围的决定权、征地审查权、赔偿方案确定权等方面，都只规定由行政机关自主决定、具体实施，缺少对行政机关的必要监督，导致行政机关既当运动员又当裁判员，为权力寻租提供机会。实践中，政府集土地征收者、土地交易者、土地争议裁决者等多种角色于一身，根本无从监督，导致违法征地行为大量发生，侵害了集体和个人的合法权益，也带来了行政权力的泛滥，破坏政府和人民的关系，危害社会稳定和繁荣。

（2）土地征收程序中对被征收者的保护不足

这主要表现在以下几个方面。

第一，土地征收程序透明度和公示性不够。作为征收利害关系人的集体和农民，在征地前，被剥夺了知情权、协商权和申诉权，几乎处于任人宰割的地位。从土地征收的决定，到补偿费的标准和征收争议的解决等，都完全由行政机关决定并实施，实难保障征收程序的公示性，无法避免暗箱操作行为的发生，因而难以保障被征收者的利益获得公正的保护。

第二，被征收者在土地征收过程中缺乏表达自己意见的机会。在整个征地过程中，被征收者都处于比较被动的地位。《土地管理法》第四十八条规定，征地补偿安置方案确定后，有关地方政府应当公告，并听取被征地的农村集体经济组织和农民的意见，但既然征地补偿方案已经确定，被征收者的意见所起的作用是微乎其微的。因此，尽管土地征收中有"两公告"制度，但实际上是让农民到指定单位办手续的"通知书"，因为征收方案和补偿安置方案均是在经批准之后才公告的，此时，对农民提出的意见只有在确需修改的情况下才改动方案，极大地限制了农民的参与权。除此之外，被征收者在征收目的性、征收范围等方面都没有表达自己意见的机会。

第三，对被征收者的救济措施规定不足。根据《土地管理法》《土地管理法实施条例》的规定，被征收者在征地范围、补偿标准等方面存在争议的，由县级以上地方政府协调；协调不成的，由批准征地的政府裁决，该裁决为终局裁决，并没有规定被征收者向司法机关获得救济的权利，导致征地纠纷被拒于司法审查的大门之外。这种制度安排，给征收者以过大的权力，而被征收者连起码的司法救济权都没有。双方的攻防武器严重失衡，无法通过司法权来制约政府征地行为，也不能有效地维护被征收者的利益。对于土地征收出现争议时的行政和司法救济措施，现行立法缺乏明确全面的规定。

11.2 国外征地程序及补偿纠纷处理程序借鉴

现代的法治国家在土地征收制度中一般都有比较科学的、严密的程序设置，这些程序一方面可以起到较好地限制国家征收权、防止其滥用的作用，另一方面可以更好地保护被征收人的权利和利益。它们一般主要包括以下程序。

11.2.1 公共利益的认定程序

该程序一般经过以下过程：由土地使用人向政府提出土地征收申请，政府的土地征收主管部门根据土地使用人提出的申请文件及有关的法律规定，在听取相关部门、专家、土地权利人和社会公众各方面的意见后，对土地使用人的申请是否属于公共利益进行认定，以此作为是否批准土地征收决定的依据。如果在提出用地申请之前，需要经过相关主管部门许可的，要求在提出申请前举行听证会，以取得该主管部门的同意，这一程序设置的目的是为了增强公共利益认定的准确程度。有些国家在政府中设有土地征收委员会，专门负责处理土地征收事务。

11.2.2 被征收人的参与程序

“通过赋予公民更多、更好的参与自主管理的机会，公共参与促使政府组织从以自身为中心的决策项目安排转向寻求公民支持和授权公民管理的决策安排，提高了公民对公共管理和政府决策的理解和认知程度，保证政府的行动镶嵌于社会之中，而不是强加给社会和公民。”

被征收人的参与程度如何是评价征收程序是否贯彻程序民主原则及程序是否正当的重要标准。这就要求在土地征收程序设置中，必须保证被征收人在征收的各阶段享有实质性的参与权利，保证被征收人在其中获取充分、及时、可靠的信息。这样，一方面可以使被征收人的参与权、知情权得到充分的尊重，使之有更多的机会了解征收的相关事宜，充分表达自己的意愿和诉求；另一方面也为社会公众监督征收行为是否合法提供便利条件，从而使政府在决策中形成一定的压力，防止政府滥用国家征收权。被征收人的参与权利具体体现在一系列的征收程序中，这些程序主要包括以下方面。

① 通知和公告程序。这是保障被征收人知情权和参与权的前提条件。在整个征收程序中，通知与公告主要出现在两个阶段。一是征收的决定阶段。政府一旦决定要征收某片土地，应当以书面形式通知到被征收人家里或在被征收人所在的区域发出公告，这一程序对于保证整个土地征收程序的公开性、透明性非常重要。各国一般都规定了比较合理的公告时限，给予相对人比较宽松的时间考虑是将土地出卖给政府还是选择接受征收；同时保证相对人有充足的时间对于政府的征收决定提出异议。通知与公告一般明确土地上的权利归属、土地权利人某些行为的限制、政府征收的整个程序设置及被征收人的权利和义务等。

② 补偿方案确定程序。首先，补偿方案的产生需要两个关键要素：一个是有被征收人代表参加，经过广泛协商；另一个是在对拟征收的土地进行实地调查，掌握了被征收土地及被征收人的基本资料。征收补偿方案一般包括补偿人（征收人）、被补偿人（被征收人）、补偿范围、补偿标准、补偿时间和期限等内容。其次，将补偿标准予以公告，征求被征收人的意见和建议，并根据被征收人的意见反馈，适当调整补偿方案。

③ 听证程序。各国法律在确定土地征收行为的合目的性和征收补偿方案时，一般都要求征收人举行听证会，听取各方的意见。也就是说，听证程序不仅出现在涉及征收补偿问题上，而且涉及到是否符合公共利益目的的认定问题上。这种将听证程序前移到土地征收决定作出前的阶段，非常有利于被征收人充分行使参与权和监督权。

④ 征收人与被征收人的协商程序。在美国，政府应与被征收人先行协商补偿标准，在协议未果的情况下，才将案件诉诸法院裁决；法院受理案件后，也要尽量组织双方再次进行平等协商，力促双方达成和解协议。在法国，征收法庭要求土地使用人与被征收人协商确定补偿金；即使在庭审中不能达成协议，庭审结束后，也不急于马上宣判，以便给双方当事人留有重新达成协议的机会。在德国，有协议价购程序。协商程序可以使被征收人就补偿标准充分表达自己的意见，可以增进双方的了解与互信，缓解双方的紧张关系，淡化土地征收中的强制性，弱化双方之间的对立情绪。

11.2.3 被征收人的救济程序

国外关于被征收人的权利救济主要有两种模式：法院主导型救济模式和议会主导型救济模式。

（1）法院主导型救济模式

法院主导型救济模式是指法院不仅直接介入土地征收，而且在被征收人利益的保护上，发挥着不可替代的决定性作用，代表国家是法国和德国。其特点如下。

① 从时间上看，法院从征地开始时就直接介入，并且全程参与征收的整个过程。这样，既可以较好地化解矛盾，限制违法征收的出现，更主要的是可以有效地避免被征收人损害的发生。

② 从地位上看，法院不仅仅是以仲裁人的身份出现，实际上扮演的是监控者的角色，“征收权”从始至终都处于法院的制约和监督之下。

③ 从作用上看，法院的作用不是消极的，而是积极的，这样做，不仅有利于被征收人利益的维护，更主要的是体现分权与制衡的法治理念。

（2）议会主导型救济模式

议会主导型救济模式是指议会不仅进行征收立法，而且有权对征收的法定要件直接加以审查，从而对征收权进行有效规制，尽可能地避免违法征收的出现，进而达到保护被征收人利益之目的，典型代表是英国和美国。其特点如下。

① 从地位上看，议会在整个征收程序中处于最核心的地位。议会不仅负责征收法律的制定，而且负责公共利益的认定，征收能否启动，其决定权在议会而不在政府，政府只是土地征收的执行者。

② 从作用上看，议会被认为是被征收人利益的忠实代表，由它作为公共利

益的认定者来判断征收能否进行是最具有说服力的。在这种模式下，超越“公共利益”范畴的违法征收发生的可能性极小，征收对社会带来的破坏作用也较小。

关于救济方式，法国主要有行政诉讼、民事诉讼及请求全部征购和买回权等；德国主要有行政诉讼、宪法诉讼和民事诉讼等救济方式。英国主要有提起“非法侵入”和申请“强制令”等普通民事诉讼；美国的一般救济方式也是民事诉讼。

关于救济的事项主要有公共利益的认定，补偿的范围、标准、方式和补偿款的发放对象，被征收人的参与权、知情权及听证权等程序性权利。

11.3 我国土地征收及补偿程序的完善

针对当前存在的问题，我国土地征收程序应重点在具体规定和实质内容上加以改革、完善，构建科学合理的土地征收程序，明确各方的权利义务关系，限制征地过程中政府广泛的自由裁量权，以保障土地征收的公平正义。

（1）公共利益的认定

这一阶段要解决的首要问题是合理界定公共利益。公共利益常随着实践的发展而变化，难以通过法律的直接设定穷尽公共利益的事项。在立法上，应采取概括式和列举式并举、直接设定与间接设定相结合的形式，从财产利用的目的和利用的效果两方面进行解释，将商业性用地严格排除在外，为“公共利益”提供尺度把握，增强可操作性。当法律不便直接设定公共利益时，转而为行政机关判断公共利益设定标准，授权行政机关依照这些法定标准判断公共利益。另外，当发生争议时，政府部门或其他强势主体必须就某一项目是为了公共利益的需要这一主张承担举证责任。

这一阶段包括两个环节：申请和核准。首先，由需用地人向政府有关部门提出征地申请，申请人应就征地目的、条件、补偿等方面做出详细说明，并举行征地调解听证会和补偿安置听证会，充分保障有关人员的知情权、参与权和异议权，通过公告和听证程序，听取有关专家和民众的意见，使得各种不同甚至彼此针锋相对的观念、意见、利益一一展现，从而有可能根据法律的精神和规则，对它们进行研究、斟酌、识别、协调和衡量，做出最能平衡各方利益的征地方案，保障各方的合法权益。然后，由政府有关部门根据需用地人提出的申请文件和有关法律规定进行审查，重点审查其目的合法性，要严格按照法定标准，对其是否符合公共利益进行专项审查。一旦符合，即可以结合其他因素，做出是否批准土地征收的决定。土地征收的申请被批准以后，必须予以公告，并通知被征收者。这一环节对保证土地征收程序的公开性和透明度非常重要，有利于保障最终决策结果的科学性、民主性和正确性。最后，土地征收核准的公告在土地征收程序中对土地权利的确定、需用地人和土地权利人行为的限制等方面具有特殊的效力。

（2）土地征收范围的确定

政府有关部门应严格按照法律规定，通过必要的听证和论证程序，广泛听取各方意见，确定征收土地的范围，并及时予以公告，通知被征收者，允许被征收者乃至社会公众提出异议。如果对征地范围有争议，利益关系人可以向政府有关部门提出复议或者申诉，对复议或者申诉不服的，可以向法院提起诉讼；当然，也可以直接向法院提起诉讼。这样规定，既有利于对行政机关行使权力进行监督，加强对其约束，防止其滥用征收权，同时赋予被征收者选择权，为其提供有力的救济途径，切实维护其合法权益。

（3）土地征收的补偿

补偿方案的制定是土地征收补偿实施的前提和基础。

首先，征地方案确定后，征收者与被征收者应对征地的补偿标准等问题进行谈判、协商，由政府和农户选派的代表组成委员会共同确定征收补偿方案，当意见不一时，由批准征收土地的政府裁决，对裁决不服的，可以向法院起诉，由法院裁定，以保证补偿方案的公正性。这种做法，有利于减少土地征收中的不公平性，使双方可以在相对平等的基础上进行协商，实现各方利益的最大化和平衡化。

其次，对补偿方案进行公告，这是土地补偿的必经程序，也是有关地方政府的义务和职责。对征地补偿进行公开，让征地补偿透明，既保护了农村集体经济组织和农民的知情权，方便了国家机关、社会团体、农村集体经济组织和农民的监督，又可以避免因土地权属不清等而产生的纠纷。

再次，听取被征地的农村集体经济组织和农民的意见。根据《征用土地公告办法》的有关规定，土地征收补偿方案公布以后，有关市、县政府土地主管部门应当认真听取被征地的农村集体经济组织和农民对土地征收补偿方案的意见与建议，以保证土地征收补偿的公平与合理及土地征收工作的顺利进行。有研究者认为，这种听证程序对保证补偿公正意义重大：程序公开是实现实体公平和公正的前提；而程序民主则是充分尊重当事人的主体地位，是实现实体公正的保障。通过听证程序，土地征收行为充分暴露在被征收人和社会公众的监督之下，使征收机关严格自律、依法办事，防止征收权的不当行使，遏制腐败现象的发生，使征收行为合法、有序地进行。

最后，公布补偿费用的收支状况。补偿费用分配是否及时、合理，使用是否正确，关系到每个农民的合法权益，因此，法律赋予并保障政府部门和农民的依法监督权，任何单位和个人均不得阻挠与干涉。

(4）土地征收的执行与完成

如果双方达成协议或法院裁决维持征收决定，则可确定具体征收事宜。首先，由需用地人按照补偿方案缴纳土地征收补偿费用，之后，双方到土地管理部门进行登记，需用地人获得征收土地的所有权。这样，既有利于被征收者尽快获得合理的补偿，又有利于需用地人早日获得土地的所有权，有利于双方利益的实现，避免不必要的纠纷，维护交易安全。

当然，在整个土地征收过程中，要增加透明性，在征收过程的每一个环节都要进行公示，并向公众或者相关利害关系人随时提供可查阅的相关文件报表，以对行政主体的行政行为进行有力制约，以权利制约权力，防止征收权滥用；要加强协商性，注重被征收者在征地行为过程中的参与，让他们在征收目的性、征收范围、征收补偿安置、征收补偿安置费用的使用和管理等方面都有充分发表意见的机会，并能采取足够的措施，及时保障自己的合法权益；要明确可诉性，设置科学、合理的救济措施，保证在被征收者存有争议时，可以通过多种救济途径，有效地维护自身的合法利益。允许被征收者采取复议、申诉或者诉讼等救济措施，当条件成熟时，还可设立由专业人员组成的征地仲裁机构，主持有关征地过程中产生的异议仲裁，以更好地维护被征收者的合法利益。

以上措施，可以使我国的土地征收程序更细致、科学和具有操作性，有力地维护各方的合法权益，促进土地征收的顺利进行和土地征收目的的最终实现。

参考文献

柴强. 1993. 各国（地区）土地制度与政策［M］. 北京：北京经济学院出版社，105.

陈柏峰. 2012. 土地发展权的理论基础与发展前景［J］. 法学研究，（4）：103.

陈新民. 2001. 德国公法学基础理论：上册［M］. 济南：山东人民出版社，288.

崔建远. 1998. 土地上的权利群论纲［J］. 中国法学，（2）：18.

戴维·M. 沃克. 1988. 牛津法律大辞典［Z］. 北京：光明日报出版社，729.

党国英. 2005. 农村改革攻坚［M］. 北京：中国水利水电出版社.

德姆塞茨. 1999. 所有权、控制与企业：论经济活动的组织［M］. 北京：经济科学出版社，129-130.

邓建鹏. 2006. 财产权利的贫困［M］. 北京：法律出版社，96-101.

邓伟志. 2006. 对深化农村集体土地产权制度改革的建议：以上海九星村为例［J］. 探索与争鸣，（7）：24.

丁关良. 2002. 农村土地承包经营权初论［M］. 北京：中国农业出版社，64.

费雪. 1923. 转引自刘伟，李风圣. 1998. 产权通论［M］. 北京：北京出版社，12.

高德步. 2005. 世界经济通史：上卷［M］. 北京：高等教育出版社，191-255.

高富平. 2001. 物权法原论［M］. 北京：中国法制出版社，304

高延娜，朱道林. 2006. 农地征收价格构成与土地增值的关系［J］. 中国土地科学，（2）：6.

国际经济增长中心. 1993. 制度分析与发展的反思［M］. 北京：商务印书馆，138.

韩俊. 2003. 完善社会主义市场经济体制研究报告（七）［N］. 中国经济时报，07-22.

韩俊. 2005. 要尊重农民的土地财产权. 载于田永胜. 中国之重：32位权威人士解读“三农”问题［M］. 北京：光明日报出版社，36.

赫尔南多·德·索托. 资本的秘密 转引自刘金海. 2006. 产权与政治［M］. 北

京：中国社会科学出版社，189.
侯外庐. 1979. 中国封建社会史论［M］. 北京：人民出版社，28.
胡兰玲. 2002. 土地发展权论［J］. 河北法学，（2）：143–146.
胡汝银. 1994. 中国改革的政治经济学. 载于盛洪主编. 中国的过渡经济学［M］. 上海：上海三联书店，69.
黄少安. 1995. 产权经济学导论［M］. 济南：山东人民出版社，69–228.
黄小虎. 2013. 征地制度改革的历史回顾与思考［J］. 上海国土资源，23（2）：7.
黄宗羲. 1983. 明夷待访录 · 原君. 中国法律思想史资料选编［M］. 北京：法律出版社，654.
黄祖辉. 2002. 农业与农村发展的制度透视：理论评述与应用分析［M］. 北京：中国农业出版社，128.
吉米 · 边沁（李贵方译）. 2004. 立法理论［M］. 北京：中国人民公安大学出版社，140.
冀朝鼎. 1981. 中国历史上的基本经济区与水利事业的发展［M］. 北京：中国社会科学出版社，3.
江平. 1999. 中国土地立法研究［M］. 北京：中国政法大学出版社，253–254，307.
靳相木. 2003. 21世纪中国农村土地制度法制化的目标与方针［J］. 农业经济问题，（8）：58.
李昌平. 2003. 慎言农村土地私有化［J］. 读书：（6）：93–97.
李昌平. 2006. 反对农村土地私有化：把土地还给村民集体［J］. 经济研究信息，（7）：40.
李德水. 2004. 把最严格的耕地保护制度落到实处［J］. 国家行政学院学报，（3）：18.
李世平. 2002. 土地发展权浅说［J］. 国土资源科技管理，（2）：15–17.
李文志. 2005，中国地主制经济论［M］. 北京：中国社会科学出版社，3–456.
理查德 · 波斯纳. 1997. 法律的经济分析：上卷［M］. 北京：中国大百科全书出版社，71.
梁慧星. 1996. 中国物权法研究［M］. 北京: 法律出版社，369.
林毅夫. 1991. 关于制度变迁的经济学理论. 载于财产权利与制度变迁［M］. 上海：上海三联书店，105–384.
林增杰. 1989. 土地法学［M］. 北京：中国人民大学出版社，6.
林增杰. 1992. 土地法学［M］. 北京：中国人民大学出版社，69.

刘慧芳. 2000. 论中国农地地价的构成与量化［J］. 中国土地科学,（3）:16-18.
刘伟，李风圣. 1998. 产权通论［M］. 北京：北京出版社.
刘向民. 2007a. 中美征收制度重要问题之比较［J］. 中国法学,（6）:33-48.
刘向民. 2007b. 美国政府如何征地［J］. 中国土地,（4）:40.
刘燕萍. 2002. 征地制度创新与合理补偿标准的确定［J］. 中国土地,（2）：26.
刘正山. 2004."沦陷"与拯救："圈地运动"与治理整顿搏击记事［J］. 中国土地,（3）：47.
卢梭. 社会契约论. 转引自：韩大元. 2003. 比较宪法学［M］. 北京：高等教育出版社，49.
洛克. 1982. 论政府［M］. 北京：商务印书馆.
马克思，恩格斯. 1995. 马克思恩格斯选集：第2卷［M］. 北京：人民出版社.
茅于轼. 1999. 经济学的主要功能是保卫机构经济自由［J］. 体制改革,（4）：35.
孟德斯鸠. 2004. 论法的精神：上册［M］. 北京：商务印书馆，32.
牛若峰. 2004. 将土地产权还给农民［J］. 调研世界,（7）：3-7，19.
诺思，托马斯. 1999. 西方世界的兴起［M］. 北京：华夏出版社，7-61.
诺思. 1994. 制度、制度变迁与经济绩效［M］. 中译本. 上海：上海三联书店，3-253.
钱明星. 1994. 物权法原理［M］. 北京：北京大学出版社，21-135.
钱忠好. 2004. 土地征用：均衡与非均衡［J］. 管理世界,（12）：50-59.
曲福田. 2004. 制度安排、价格机制与农地非农化研究［J］. 经济学（季刊）,（1）：229-248.
曲福田. 2006.《中国乡村地权变迁的法经济学研究》评介［J］. 中国农村经济,（10）：78.
盛洪，秋风，郑振源，等. 2009.《土地管理法》批判：专家学者六人谈［J］. 中国改革,（10）：43.
施蒂尔纳（张双根译）. 2004. 德国物权法：上册［M］. 北京: 法律出版社，524.
斯韦托扎尔・平乔维奇. 1990. 产权经济学:一种关于比较体制的理论［M］. 北京：经济科学出版社，29.
速水佑次郎，弗农・拉坦. 2000. 农业发展的国际分析［M］. 北京：中国社会科学出版社，114.
泰格，利维. 1996. 法律与资本主义世界的兴起［M］. 北京：学林出版社，5-7.
谭荣，曲福田. 2006. 现阶段农地非农化配置方式效率损失［J］. 中国土地科学，(3)：4-6.
唐健. 2002. 征地价格的构成：中国土地学会土地经济分会第二次学术讨论会综述［J］. 中国土地科学，(4)：46-47.
陶文达. 1994. 发展经济学［M］. 修订本. 成都：四川人民出版社，77.
陶文达. 2002. 发展经济学［M］. 成都：四川人民出版社，75.
王春平. 2002. 农村集体经济组织的法律地位与企业化改造［J］. 农业经济问题，(2)：39.
王春平. 2005. 保护农民土地权利的治本之策：土地财产权利制衡土地行政权力［J］. 农业经济，(10)：30.
王克强. 2005. 土地经济学［M］. 上海. 上海财经大学出版社. 31-32.
王利明. 2003. 物权法教程［M］. 北京：中国政法大学出版社，9-10.
王卫国. 1997. 中国土地权利研究［M］. 北京：中国政法大学出版社，108-109.
魏杰. 2000. 现代产权制度辨析［M］. 北京：首都经济贸易大学出版社，1.
温铁军. 2005. 三农问题与世纪反思［M］. 北京：生活·读书·新知三联书店，167.
西奥多·舒尔茨. 1990. 论人力资本投资［M］. 北京：北京经济学院出版社，9.
休谟（关文运译）. 1980. 人性论：下［M］. 北京：商务印书馆，530-531.
休谟. 1972. 人类理解研究［M］. 北京：商务印书馆，136.
亚当·斯密（蒋自强等译）. 1997. 道德情操论［M］. 北京：商务印书馆，106.
亚当·斯密. 1972. 国民财富的性质和原因的研究：上卷［M］. 北京：商务印书馆，254-255.
姚洋. 2004. 土地制度和农业发展［M］. 北京：北京大学出版社，69.
俞敬忠. 2003. 关于我国土地问题的思考［J］. 农业经济问题，(5)：16.
袁庆明. 2005. 新制度经济学［M］. 北京：中国发展出版社，102-294.
约翰·斯图亚特·密尔（程崇华译）. 1959. 论自由［M］. 北京：商务印书馆，11.
张晋藩. 1986. 中国法制史纲［M］. 北京：中国政法大学出版社，211-252.
张效军，欧名豪，李景刚. 2007. 我国耕地保护制度变迁及其绩效分析［J］. 社会科学，(8)：16.
张玉宝. 2004. 耕地占补平衡得失观［J］. 中国土地，(12)：36.
曾宪义. 2000. 中国法制史［M］. 北京：北京大学出版社，245.
郑振源. 2006. 征用农地应秉持“涨价归农”原则［N］. 中国经济时报，05-08(5).

中央编译局. 2009a. 马克思恩格斯文集：第5卷［M］. 人民出版社.
中央编译局. 2009b. 马克思恩格斯文集：第7卷［M］. 人民出版社
周诚. 2006a. “涨价归农”还是“涨价归公”［J］. 中国改革，(1)：63-65.
周诚. 2006b. 农地征收宜秉持“全面开发权”论［N］. 中国经济时报，02-13（005）.
周其仁. 2001. 放弃农地的代价［EN/OL］.［2012-10-27］http://www. huishang-bao.
朱启臻，窦敬丽. 2006. 新农村建设与失地农民补偿［J］. 中国土地，(4)：19-20.
王景新. 2005. 现代化进程中的农地制度及其利益格局重构［M］. 北京：中国经济出彼社，35.
陈锡文. 2004. 中国农村的五大问题［J］. 领导之友，(5)：49.
马克思、恩格斯. 1962. 马克思恩格斯全集：第28卷［M］. 北京：人民出版社，260.
马克思、恩格斯. 1962. 马克思恩格斯全集：第12卷［M］. 北京：人民出版社，738.
马克思、恩格斯. 1975. 资本论：第3卷［M］. 北京：人民出版社，891.
斯塔夫里阿诺斯. 1999. 全球通史［M］. 上海：上海社会科学院出版社，439.
沈守愚. 2002. 土地法通论：下册［M］. 北京：中国大地出版社，836.
亚当·斯密. 1972. 国民财富的性质和原因的研究：上卷［M］. 北京：商务印书馆，254-255.
保罗·A·萨缪尔森. 1992. 经济学：上册［M］. 12版. 北京：中国发展出版社，88.